Languedoc-Roussillon

Gisela Buddée

Reisen mit Erlebnis-Garantie

MERIAN-TopTen
Was Sie unbedingt sehen sollten

MERIAN-Tipps
Persönliche Empfehlungen unserer Autoren

MERIAN-Bewertung
MMM Nicht zu übertreffen
MM Herausragend
M Sehr gut

Für Familien
Für Eltern mit Kindern besonders geeignet

Tourenplaner
65 km ss127 Damit Sie leichter ans Ziel kommen

Ein Höhepunkt unter Südfrankreichs Stränden: Plage L'Espiguette bei Le Grau-du-Roi (→ S. 71).

Karten und Pläne

Die Buchstaben-Zahlen-Kombinationen im Text verweisen auf die Planquadrate der Karten.

Wilde Wasser, abenteuerliche Höhlen, verlassene Dörfer, lebendige Städte und rote Felsen liegen über blauem Meer zwischen Rhône, Cevennen und Pyrenäen.

Das Amphitheater von Nîmes dient als Kulisse für einen beschaulichen Nachmittag. Dreimal im Jahr finden hier Stierkämpfe statt, aber auch Sänger lieben die Atmosphäre der Arena (→ S. 66).

Knapp 200 Kilometer hinter Lyon fängt es an. Ganz allmählich verändert sich die Landschaft, wachsen Zypressen blaugrün in den (hoffentlich) wolkenlosen Himmel, werden die von der Sonne gebleichten Ziegeldächer rosagrau, und Landkarte und Wegweiser fordern eine Entscheidung: weiter auf der **Route du Soleil**, wie die teure Autobahn freundlich verspricht, oder rechts entlang der Rhône? Rechts vielleicht, weil es schöner ist, durch das **Ardèche-Tal** zu fahren, weil man endlich den Süden erreicht hat – und der Urlaub gleich hier beginnt.

Wer hier die Nord-Süd-Route verlässt, hat keine Lust darauf, seine Nachbarn in der Provence zu treffen, hat Respekt vor dem Ozonloch – und das Hinterland zwischen **Kleiner Camargue** und **Pyrenäen** ist auch viel zu schön, um an den meist langweiligen und gelegentlich auch trostlosen Badeorten zu braten. Er möchte wandern oder auch klettern und im Winter Ski laufen. Oder er ist neugierig auf die vielen Spuren der Vergangenheit. Auf diese trifft man in den fünf Départements **Lozère**, **Gard**, **Hérault**, **Aude** und **Pyrenées-Roussillon**, die alle zum Languedoc-Roussillon gehören, eigentlich auf Schritt und Tritt.

Um einiges mehr als die berühmten Höhlenmalereien von **Lascaux** in der Dordogne – auf bis zu 20 000 Jahre – schätzen Experten das Alter der **Felsmalereien**, die der Höhlenforscher Jean-Marie Chauvet im Winter 1994/95 bei Vallon-Pont-d'Arc im Ardèche-Tal entdeckte: Ganze Herden von Wildpferden, Rindern, Raubkatzen und Rhinozerossen schienen den Wissenschaftlern im Gefolge

Bilder von vor 20 000 Jahren

Chauvets aus einer steinzeitlichen Bildergalerie entgegenzuspringen. Dass diese Urbilder nicht im Original zur Besichtigung freigegeben werden, ist noch unbeschlossen. Aber in Vallon-Pont-d'Arc zeigt eine Ausstellung Fotografien und einen Film über die sensationelle Entdeckung. Die Erfahrungen mit **Lascaux** zeigten, dass Atemluft und Schweiß der Besucherscharen den prähistorischen Kunstwerken mit der Zeit so zusetzen, dass der Traum des Bürgermeisters von seinem touristisch aufstrebenden 2000-Seelen-Dorf erst einmal Vision bleibt. Gendarmen hüten den Schatz hinter Stahltüren, und nur Forschern wird Zugang gewährt. Leichter zugänglich im oft kargen Land zwischen Rhône, Mittelmeer und Pyrenäen sind dagegen die Hinterlassenschaften der Römer und Griechen, Kimbern und Teutonen, Phönizier, Iberer, Araber und Kreuzzügler: Kirchen und Klöster, Weinberge und Festungen, enge Gassen und Platanenalleen, Höhlen, amphitheaterähnliche Kalkkessel oder Brunnen, aus denen bisweilen sogar warmes Wasser sprudelt. Felsenmeere und Wasserfälle bestimmen das Gesicht dieser alten Kulturlandschaft. Auch heute sind manche Orte nur zu Fuß zu erreichen.

Oben: An besonderen Festtagen kann man noch heute die traditionellen Trachten sehen.

Mitte: Wie von Riesenhand bearbeitet wirken diese Felsformationen im Cirque de Mourèze (→ MERIAN-Tipp S. 56).

Unten: Meisterhafte Steinmetzarbeiten in der Prieuré de Serrabonne.

Steine, Kalk und Schiefer

Kaum vorstellbar, dass die Ebenen einst zu den am dichtesten besiedelten Gebieten Europas gehörten. Nur wenige Kilometer abseits der großen Straßen werden verstreute Dörfer und Städtchen aus einer nur scheinbar vergangenen Zeit zur Entdeckung. Am **Mont Lozère** liegen wie von Riesenhand geworfene, große Granitkugeln am Hang verstreut, schieben sich in den **Causses** gewaltige Kalkplateaus übereinander, pressen sich in den **Cevennen** Schieferplatten senkrecht auf. Steine überall, und verlassene Häuser werden zum Verkauf angeboten.

Zelten an wilden Schluchten

Im Tal des **Gardon** dann plötzlich ein Bambuswald. Das Mikroklima macht es möglich. Kein Wunder, dass sich hier ein Zeltplatz an den anderen reiht. Sie entstanden überall in den schönen Lagen an **Tarn**, **Ardèche** und **Cèze**.

Als ebenso resistent wie die südfranzösischen Bauern gegen die EU-Vereinbarungen der Pariser Regierung erweisen sich die historischen Gemäuer gegen neuzeitliche Stadt- und Straßenplanungen. Sie bleiben, wie sie schon immer gewesen sind. Nur dort, wo Urlauber Kletter- und Kajakparadiese entdeckt haben, wachsen die Ortsränder mit Ferienhaussiedlungen bis weit in die Berge und Täler hinein.

Dickköpfigkeit hat hier zu Lande eine lange Geschichte, wie der Fund zweier Schädelfragmente in den 70er Jahren bei **Tautavel** im Roussillon belegte. Ihr Alter schätzt man auf etwa 455 000 Jahre, womit es sich bei ihnen um Europas älteste erhaltene Köpfe handelt. Keine Spuren gibt es aus dieser Zeit von prähistorischen Feuerstellen, dafür von Pferden, Rentieren und wildem Wein. Die Knochenfragmente und unterschiedliche Funde aus 20 Bodenschichten kann man in einem kleinen Museum bewundern und sich dort auch vom Urmenschen (über Tonband) seine Geschichte erzählen lassen.

Schafe bahnten die Wege

Erst mit Beginn des 5. Jahrhunderts vor unserer Zeitrechnung begannen die Menschen hier, Äcker zu bebauen, Vieh zu halten und sesshaft zu werden. Generationen von Schafherden grasten über viele hunderte von Jahren richtige Schneisen in die Landschaft, auf denen ihre Nachfolger noch heute zu ihren Sommerweiden gelangen. Wenige sind es geworden. Nach und nach zogen die jungen Leute aus den Cevennen, der Lozère und den steinigen Causses in das Tal und an die Küste, wo das Leben für sie erträglicher war. Einige ihrer Kinder und Enkel kehrten in den letzten Jahrzehnten zurück, um die Häuser ihrer Vorfahren als Sommer- und Wochenendhäuser wieder auszubauen und sie an Urlauber zu vermieten, die den heißen

Städten im Süden und den lauten Stränden am Meer den Rücken kehren wollen. Mittlerweile steigt auch im Winter immer öfter Rauch aus den Kaminen der Wohnhäuser und der Hotels, spätestens dann, wenn die Städter zum Skilanglauf in die nahen Berge kommen. Eisig kalt bläst hier oben der Nordwind, während man sich an der Küste noch zum Apéritif auf der sonnenwarmen Terrasse trifft.

Städte mit moderner Antike

Die von Paris lange vergessenen Städte des Midi sind schön geworden, wenn auch zum Teil gegen den erbitterten Widerstand der Bewohner. Dennoch, die zunächst geschmähten postmodernen Prachtbauten brachten den verantwortlichen Bürgermeistern letztlich doch die gewünschten Wahlerfolge. Erst die seit 1982 von **Mitterrand** ermöglichte **Dezentralisierung** machte dies möglich, weil sie den Bürgermeistern das Recht verlieh, auch ohne Einverständnis der Zentralregierung in der Hauptstadt Baugenehmigungen zu erteilen. In **Montpellier** und **Nîmes** kontrastiert die Architektur des ausgehenden 20. Jahrhunderts mit der der Römer, ohne sie zu stören.

Millionen fahren ans Meer

Parallel zur **Via Domitia**, der 118 v. Chr. begonnenen Piste zum Mittelmeer hin, verbindet die Autobahn schon seit Jahren Ferienorte bis zur spanischen Grenze. Noch finden zu wenige Urlauber Gründe, ins Land abzubiegen, obwohl immer mehr **Tourismusinitiativen** mit den Reizen der Region werben, die wie geschaffen scheint zum Wandern, Kanufahren und Angeln. Um Pfingsten herum, und manchmal auch noch während der französischen Sommerferien im Juli und im August, drängeln sich Franzosen, Belgier, Deutsche und Engländer in Kajaks und Kanus in den Schluchten der dann wilden Flüsse. Eng wird es auf der Ardèche, gemütlicher geht es auf der stilleren und flacheren Cèze zu. Energisch vertreiben die Einheimischen mittlerweile die Fülle wilder Camper aus Wäldern und Wiesen.

Von etwa 14,6 Millionen Urlaubern, die Jahr für Jahr in Frankreichs **drittgrößte Ferienregion** kommen, zieht es die meisten ans Meer. Drei Viertel von denen, die sich nach dem Frühstück mit Kindern, Hund und Oma einen Platz an den weiten Stränden suchen, sind Franzosen. Anfang der 60er Jahre entstand in Paris die Idee, den fast 200 Kilometer langen Sumpfstreifen an der Küste trockenzulegen und Ferienzentren aus dem Sand zu stampfen. Der den Küstenbewohnern versprochene wirtschaftliche Aufschwung durch Ausnutzung von Küste und Klima floss allerdings wie so oft in die Taschen der Pariser Investoren. Der Plan, die Franzosen, die bislang an der spanischen Küste Urlaub machten, im Lande zu halten, ging jedoch auf; zudem ist das Languedoc-Roussillon schon Frankreichs führende Nudistenregion.

Ferienorte aus der Retorte

La Grande-Motte, der »große Steinhaufen« westlich des Fischerdörfchens **Le Grau-du-Roi**, erregte mit seinen pyramidenförmigen Häusern, die so konstruiert wurden, dass in alle Appartements möglichst lange Sonne und Licht einfällt, weltweites Aufsehen. Der sechs Kilometer lange Strand mit seinen Diskotheken, Restaurants und dem Yachthafen lockt immer noch alle diejenigen in das zu Beginn umstrittene Bauprojekt, die an der Küste nicht nur Erholung suchen. Auch bei den Franzosen aus den nahen Städten gilt die Anlage als wesentlich schicker als das »ordinaire« und gewachsene Le Grau-du-Roi. Dafür ist das nebenan liegende **Port-Camargue** mit 4500 Liegeplätzen einer der größten Yachthäfen Europas. Größter Badeort der Region bleibt **Cap d'Agde** mit 160 000 Betten.

Kleiner und weniger extravagant reihen sich die Küstenorte bis **Sète** aneinander, meist auf Landzungen den vormals winzigen Orten vorgelagert, die leider kaum etwas von ihrem ursprünglichen Charakter bewahrt haben. Die Reihe der Feriendörfer setzt sich hinter Sète, hauptsächlich mit Retortenorten, fort. Erst im **Roussillon**, vor den Ausläufern der Pyrenäen unterhalb einer der schönsten Straßen im Süden gelegen, erreicht man die hübschen, kleinen traditionsreichen Badeorte mit ihren grauen Kieselstränden. Der bekannteste – und zugegeben auch schönste von ihnen – ist **Collioure**.

Drum herum wieder vergessene Dörfer, sommergraue trockene Wäldchen, Karsthügel, Zypressen, Burgruinen und eine beeindruckende Klosteranlage. An der noch gut erhaltenen **Abbaye de Fontfroide** gingen die Religionskriege und die Revolution fast spurlos vorüber. Und dann liegt Spanien schon ganz nah. Die Berge werden schroffer, und vor einem Bilderbuchhintergrund mit rostroten Felsen und grünen Reben erstreckt sich die Küste, die **Côte Vermeille**, über blauem Wasser und unter strahlendem Himmel. Neben Kaufleuten und Fischern hatten Maler sich hier niedergelassen. Auch für Matisse stellte **Collioure** die preisgünstige Alternative zur noblen und teuren **Côte d'Azur** dar.

Bilderbuchküste am Pyrenäenfuß

Über den Kanal unter Platanen

Dem Land des Wassers und der Steine schließt sich im Süden und zum Mittelmeer hinunter das des Weines an – und das der Kanalfahrten. Nur geht es auf dem **Canal du Midi**, vorbei an Rebhügeln und unter schattigen Platanenalleen hindurch, weit beschaulicher zu als in den nördlich gelegenen Schluchten. Bis nach **Carcassonne** kann man von **Béziers** aus tuckern. Die mittelalterliche Oberstadt von Carcassonne,

la Cité, abends beleuchtete Kulisse oberhalb des unscheinbaren Ortes und sommers Theatersaal für romantisierende **Historienspiele**, sie gehört zu den meistbesuchten Touristenzielen Europas. Entsprechend voll ist es dort auch. Ganz in der Nähe, auf dem Weg ins Weinland **Corbières**, liegt einer der schönsten Flecken der Küste, der **Etang de Bages**, sozusagen »ein See am Strand« mit zwei hübschen Dörfern.

Wege für Kulturbeflissene

Languedoc und Roussillon bergen eine Fülle römischer und romanischer Kunstschätze in den Wehrkirchen und Kathedralen von **Béziers** bis **Perpignan** und **Saint-Gilles** im Gard. Allein im Roussillon gibt es 220 romanische Bauwerke, 750 barocke Retabeln und über 100 romanische Madonnen. Kurz, man hat die Möglichkeit zum Kirchen-Marathon.

Angst und Hoffnung EU

Die ehemals reiche Region, durch die Händler aus allen Teilen des Kontinents zogen, steht heute ohne bedeutende Industrie da. **Landwirtschaft** und **Weinanbau**, deren Zukunft die Bauern und Winzer in den EU-Sternen geschrieben sehen, könnten dank der viel gescholtenen europäischen Wirtschaftsunion wieder aufleben. Doch zu viele Faktoren stehen dem anscheinend entgegen. Welche Rolle sollte das Languedoc-Roussillon nach dem Wegfall der Handelsschranken spielen? Mit seiner Lage zwischen dem wirtschaftlich starken Großraum **Barcelona** im Süden und den Hightech- und Elektro-Metropolen **Mailand** und **München** im Nordwesten hat es wenig zu bieten, von den ungenügenden Transportwegen ganz zu schweigen. Nur die regionalen Weine finden zunehmend Freunde.

Ein Monatslohn pro Jahr

65 000 Bewohner der Region leben ständig, 32 000 weitere als Saisonkräfte, vom Tourismus. Damit hat dieser Wirtschaftszweig dieselbe Bedeutung gewonnen wie Bau- und Landwirtschaft. 30 bis 32 Milliarden Francs lassen die Fremden jährlich im Urlaubsgebiet – 11 000 Francs etwa pro Jahr und Einwohner, also gerade einen Monatslohn.

! MERIAN-Lesetipp

Auch **Robert Louis Stevenson**, der Autor der »Schatzinsel«, war im Languedoc unterwegs. Den Fußmarsch durch die Cevennen, den er 1878 mit einem störrischen Esel durch die Hugenottengebiete unternahm, beschreibt er ebenso vergnüglich wie hintergründig in **Reise mit dem Esel durch die Cevennen**. Sichtlich viele junge Leute tun es ihm auf dem GR 70 nach, seine Reisebeschreibung im »Esel-Gepäck« (→ MERIAN-Tipp S. 43). In Frankreich sieht man Stevensons Erzählung in jedem Ort, der nicht weiter als 100 Kilometer von den Cevennen entfernt ist, in den Buchhandlungen stehen.

»Grand Hôtels« gibt es viele, aber sie sind im Hinterland doch sehr bescheiden ausgestattet. Um so vielfältiger sind die Unterkunftsmöglichkeiten in den Städten und an der Küste.

Eine Terrasse mit Blick über das Hinterland, Nächte, deren Ruhe nur von zirpenden Grillen gestört wird ... so ähnlich sieht die Traumunterkunft vieler Urlauber aus.

Hotels und andere Unterkünfte

Neben den großen, guten und komfortablen **Hotels** in Südfrankreich mit Preisen, die selten denen zu Hause Konkurrenz machen, gibt es an der Küste und im Landesinneren eine reiche Auswahl anderer Übernachtungsmöglichkeiten. Für die Sommerferien sollte man seine Unterkunft lange genug vorbestellen, am besten im Frühjahr. Da aber auch die Franzosen seit einigen Jahren mit ihren Ferienbudgets knausern, finden Rundreisende, die sich in der Planung nicht zu sehr festlegen mögen, selbst in der Hochsaison und sogar am Meer spontan ein Hotelzimmer, das allerdings meistens der Oberen Preisklasse zuzurechnen ist.

In Frankreich ist es durchaus üblich, ein Hotelzimmer zu besichtigen, bevor man sich dafür entscheidet. Wundern Sie sich also nicht, wenn man Ihnen einen Schlüssel in die Hand drückt und die Richtung weist. Französische Hotels haben eigentlich keine Einzelzimmer. Das Zimmer mit dem **grand lit** – bei dem zwei Schläfer oft in der durchgelegenen Kuhle in der Mitte zusammenrollen – wird als Einzelzimmer nur unwesentlich billiger abgegeben. Frühstück ist im Zimmerpreis meist nicht enthalten. Wo es für 10 bis 20 € angeboten wird, besteht es meist aus einem Kaffee, Croissant oder Zwieback und etwas Marmelade. Da ist es immer günstiger und landesüblich, sein Croissant beim Bäcker zu holen und damit zum **café au lait** in die nächste Bar zu gehen.

Hotellisten der gesamten Region erhält man bei den Fremdenverkehrsämtern. Daneben gibt es den alle zwei Jahre aktualisierten Führer **Logis de France**, in dem kleine und mittlere Hotels, Familienbetriebe mit und ohne Restaurant in Ferienregionen außerhalb der Städte vorgestellt werden. Eine Klassifizierungskommission verleiht diesen Betrieben nach den Kriterien Zuvorkommenheit, Komfort und Bedienung ein, zwei oder drei »Kamine«. Das über 4000 Hotels umfassende Verzeichnis kann man in Hotels, an Tankstellen und in Buchläden kaufen.

Die **Ferienhäuser** auf dem Land heißen **gîtes ruraux** und sind für die Unterbringung kleiner Gruppen oder größerer Familien geeignet. Vermietet werden sie nur wochenweise, in den Ferien oft nur pro Monat. Ein Verzeichnis ist erhältlich bei:

Gîtes de France
Sachsenhäuser Landwehrweg 108,
60598 Frankfurt/Main

Ferienwohnungen an der Küste werden von Agenturen vermittelt. Mindestmietdauer ab 14 Tagen, häufig sogar nur monatsweise Vermietung. Adressen der Agenturen wie der regionalen Hotels enthält die Broschüre **Hôtels et Résidences**, erhältlich beim: **Comité Régional du Tourisme** (→ S. 100).

Recht häufig werden in Frankreich **Privatzimmer** vermietet. Man findet sie dort, wo es kaum andere Unterkunftsmöglichkeiten gibt. Erkennbar sind sie an dem Schild **Chambres d'hôte**. Wer Französisch spricht, kann auch im nächsten Café nachfragen. Ein Verzeichnis gibt es auch bei **Gîtes de France**.

Hotels sind bei den einzelnen Orten im Kapitel »Sehenswerte Orte« beschrieben.

Preisklassen

Die Preise gelten für eine Übernachtung im Doppelzimmer für zwei Personen ohne Frühstück.

★★★★ ab 150 €
★★★ ab 60 €
★★ ab 50 €
★ ab 40 €

Alle in diesem Buch empfohlenen Unterkünfte auf einen Blick

Komforthotels für höhere Ansprüche

Hotels mit Flair/besonderer Lage

Stadthotels

Familiäre Hotels/Gîtes

Jugendherbergen

Campingplätze

Kräftige Küche mit Butter und viel Wurst gibt es in den Bergen nördlich der Klimagrenze und südlich die leichtere mediterrane, zu der Öl, Gewürze, Fisch und Knoblauch gehören.

Die ganze Würze der Region ist auf den Märkten im Angebot. Säckeweise möchte man sie mit nach Hause nehmen, um den Urlaub noch einmal auf der Zunge zergehen zu lassen.

Als Reiseziel für Feinschmecker galt das Languedoc-Roussillon nie. Zu Unrecht, stellte der **Gault Millau** fest, der die bei französischen Köchen so begehrten Kochmützen – rote für die kreative, weiße für die moderne oder traditionelle Küche – verleiht und die Region schon 1995 zum Hauptthema seines Magazins machte. Auf wunderschönen Fotos ringeln sich dicke Schiffstaue am Hafen von Sète um Tintenfischtörtchen herum, blitzt das Lorbeerblatt in der Sonne zwischen glänzenden Miesmuscheln, präsentieren sich der Fischer und seine Frau lächelnd und sichtlich dankbar für das neue Renommee vor ihrem hübschen Restaurant. Da gilt erst der zweite Blick den Preisen. Wer ein Menü für etwa 20 € bestellt, darf die Güte einer (weißen) Kochmütze erwarten. Es gibt sie jedoch auch zum doppelten Preis.

Zugegeben, essen ist in Frankreich eben teurer als schlafen, was der, der sich gerne kulinarisch verwöhnen lässt, bereitwillig in Kauf nimmt. Andererseits kann man auch wunderbar für 12 € und mittelmäßig für 20 € essen. Ein bisschen Glück gehört manchmal schon dazu. Die berufsmäßigen Feinschmecker haben ihre Nase schließlich noch nicht in jede Küche gesteckt und so die Preise hoch getrieben.

Wasser und Wein

Zum Essen trinken die Franzosen in erster Linie Wasser (**eau minérale**), mit (**eau gazeuse**) oder ohne Kohlensäure (**eau naturelle**) und oft auch Leitungswasser (**eau plate**). Dazu steht gelegentlich auch eine halbe Flasche Wein auf dem Tisch.

Mit dem **Wein** ist es so eine Sache. Zwar ist das Languedoc das weltgrößte Weinanbaugebiet (und kaum einer weiß es), doch nur etwa zehn Prozent zählen zu den Qualitätsweinen. Gut und bekömmlich ist der leichte **vin du pays**. Nur vom **vin de table**, der oft aus verschiedenen Weinsorten verschnitten ist, sollte man die Finger lassen. Überall werden auch Weine aus den verschiedenen Landesregionen angeboten. Sie sind meist nicht im Menüpreis enthalten.

Kochkünste – so verschieden wie die Landschaften

Die bäuerliche Küche in den Bergen ist einfach und kräftig. **Schinken** und **Würste** sind fett und kalorienreich. Erst jenseits der Lozère ähnelt die Kochkunst zunehmend der der Provence. In der Garrigue um Nîmes herum muss man sich nur bücken, um **Thymian** und **Rosmarin** aus dem wuchernden Unkraut zu pflücken. Daher gehören die als **herbes de Provence** bekannten Gewürze zur hiesigen Küche ebenso dazu wie der Tropfen Olivenöl zum Salat, zu Lamm und Rind.

An der Küste wird mehr Fisch gegessen, obwohl die meisten Arten, die auf den Tisch kommen, längst nicht mehr aus dem Mittelmeer stammen. Die **Fischsuppe** ist hier, ganz anders als die um Marseille übliche **bouillabaisse**, eine sämige Suppe, die über geröstetes Weißbrot, bestreut mit geriebenem Käse und Aïoli (einer Knoblauchmayonnaise), gegossen wird. Sie wird oft als Vorspeise angeboten.

Wer am Meer Ferien macht, kann mit etwas Glück auch einmal zuschauen, wie **Muscheln** aus einem frischen Fang in einer Art Waschmaschine gereinigt und dann zum Verkauf verpackt werden. Die **Austern** kommen aus dem Bassin de Thau nahe Sète.

Mit einem nahrhaften **Bohneneintopf** hat sich ein Städtchen namens **Castelnaudary** hinter Carcassonne einen Namen gemacht. Das **cassoulet** trägt mehr zum Ruf der Stadt bei als die dort beheimatete Fremdenlegion. Das Gericht, zu dem Speck, Schweine- und Geflügelfleisch gehören, bieten ganz verwegene Köche auch mal als Linsengericht an. Man isst es normalerweise **au confit**, mit Entenfleisch. Variationen mit Gänsefleisch werden auch gekocht, und jeder Koch in der Region besitzt sein spezielles Rezept und jeder Gourmet seinen speziellen Tipp. Generell gilt: Je öfter aufgewärmt, desto besser schmeckt es. Man kann es auch als Konserve mit nach Hause nehmen.

Bitte nennen sie mich Monsieur!

In südfranzösischen Restaurants wird mittags zwischen 12.30 und 14 Uhr und abends ab 19 oder 19.30 Uhr und bis 21.30 oder 22 Uhr gegessen. Der **patron** (Wirt) oder der Kellner (**monsieur** gerufen, nicht etwa **garçon**!) weist Ihnen den Platz an.

Mögen Sie einen Apéritif? Franzosen trinken vor dem Essen gerne ein Glas **Champagner**. Wenn Sie die Speisekarte zuklappen, fragt der Ober nach Ihren Wünschen. Um Dessert oder Käse können Sie sich nach dem Essen kümmern. Man bringt Ihnen die Speisekarte gern noch einmal. Zeigt man Ihnen die Käseplatte, wählen Sie aus zwei oder drei Sorten. Der **café** (nicht Espresso) danach wird klein und schwarz und süß getrunken. Wie Sie die Rechnung untereinander aufteilen, die für den ganzen Tisch gebracht wird, müssen Sie nach dem Bezahlen regeln.

Für den kleinen Geldbeutel

Einfacher wird es, wenn Sie es vielen Franzosen gleichtun und sich mit dem **Picknickkorb** auf den Weg machen. Wo es schön ist, sind häufig **Picknickplätze** eingerichtet. Folgen Sie den Schildern, auf denen Sie Tisch, Bänke und eine Kiefer abgebildet sehen. An sonnigen Wochenenden halten sich manche Familien dort den ganzen Tag auf. Manchmal gibt es auch einen Kinderspiel- und – für Franzosen ist das fast wichtiger – einen Bouleplatz daneben.

In den Küstenstädten duften die Schnellimbisse für den kleineren Geldbeutel mittags mit Gaststätten um die Wette. Dort kann man fertig zubereitete Gerichte zum Aufwärmen in die Ferienwohnung tragen und panierte Tintenfischringe oder ein Pizzastück aus der Mikrowelle vor Ort verzehren. In kleinen Orten und Dörfern findet man vielleicht eine **Crêperie**, die eine günstigere Mahlzeit ermöglicht.

Es ist kein Sakrileg mehr, mittags nur einen Salat zu bestellen. Gelegentlich bieten auch Bars einfache und günstige Gerichte an, **plat du jour**, die auch aus zwei Gängen bestehen können.

Restaurants sind bei den einzelnen Orten im Kapitel »Sehenswerte Orte« beschrieben.

Preisklassen

Die Preise beziehen sich jeweils auf ein Menü im Restaurant ohne Getränke und Trinkgeld.
★★★★ ab 35 €
★★★ ab 25 €
★★ ab 14 €
★ ab 10 €

Essdolmetscher

Wichtige Redewendungen im Restaurant → S. 111

A
agneau: Lamm
ail: Knoblauch
amandes: Mandeln
artichauts: Artischocken

B
betteraves: Rote Bete
beurre: Butter
bisque: Krebssuppe
blanc de poulet: Hühnerbrust
bœuf: Rindfleisch
bœuf à la mode: Schmorbraten
boisson: Getränk
brik: Teigtasche
brochette: Fleischspieß
brouillade: Rühreier
brut: sehr trocken

C
cacahouètes: Erdnüsse
calmar: Tintenfisch
canard: Ente
carbonade: Grillfleisch über Holzkohle
chou: Kohl
choufleur: Blumenkohl
civet: Ragout
clovisses: Venusmuscheln
coing: Quitte
concombre: Salatgurke
confiserie: Süßwaren
coq: Hahn
coq au vin: in Rotwein geschmortes Hühnerfleisch
cornichon: Gewürzgurke
coupe glacée: Eisbecher
crêpe: Eierpfannkuchen
crevettes: Garnelen
crevettes royales: Riesengarnelen

D
déjeuner: Mittagessen
dinde: Pute
dorade: Goldbrasse
dîner: Abendessen

E
écrevisse: Krebs
eau: Wasser
eau minérale: Mineralwasser
eau plate: ohne Kohlensäure
entreé: Vorspeise
épices: Gewürze
épinard: Spinat
escalope: Schnitzel
escargot: Schnecke
espardon: Schwertfisch

F
faisan: Fasan
farci: gefüllt
fenouil: Fenchel
figues: Feigen
fines herbes: gehackte Kräuter
fletan: Heilbutt
foie: Leber
fraises: Erdbeeren
framboises: Himbeeren
friture: gebratene Fische
fromage: Käse
fruits: Früchte
fruits de mer: Meeresfrüchte

G
gâteau: Kuchen
gazeuse: mit Kohlensäure
gibier: Wild
gigot d'agneau: Lammkeule
glace: Eis
glaçon: Eiswürfel
gratiné: überbacken
grillade: Rostbraten
grillé: gegrillt

H

haché: gehackt
hachis: Hackbraten

haricots: Bohnen
harissa: Chilisauce
herbes: Kräuter
homard: Hummer
hors d'œuvre: Vorspeisen

I
infusion: Kräutertee

J
jambon: Schinken
jus: Saft

L
lait: Milch
langoustines: kleine Langusten (Scampi)
légume: Gemüse
loup de mer: Wolfsbarsch

M
maquereaux: Makrelen
menthe: Minze
merguez: Würstchen
mérou: Zackenbarsch
miel: Honig
moules: Miesmuscheln
mouton: Hammel
mulet: Meeräsche

N
nouilles: Nudeln

O
œuf: Ei
œuf sur le plat: Spiegelei
oignons: Zwiebeln
omelette aux fines herbes: Kräuteromelett

P
pageot: Rotbrasse
pain: Brot
– complet: Vollkornbrot
pâte: Teigwaren
pastèque: Wassermelone
pâtisserie: Kuchen
paupiettes de veau: Kalbsroulade
pêches: Pfirsiche
petit déjeuner: Frühstück
petit pois: Erbse
pignols: Pinienkerne
piment: scharfer Pfeffer
pistaches: Pistazienkerne
plat du jour: Tagesmenü
poire: Birne
poivre: Pfeffer
pomme: Apfel
pomme de terre: Kartoffel
potage: Suppe
poulet: Hühnchen
poulet rôti: Brathühnchen
poulpe: Krake
prune: Pflaume

Q
quenelles: Fleischklößchen

R
raisin: Weintraube
repas: Mahlzeit
riz: Reis
rognons: Nieren
rôti: Braten

S
saignant: blutig (Steak)
sanglier: Wildschwein
seiche: Tintenfisch
sel: Salz
semoule: Grieß
sole: Seezunge
sucre: Zucker

T
tarte: Torte
terrine: Fleischpastete
thon: Tunfisch

V
veau: Kalb
viande: Fleisch
vin: Wein
volaille: Geflügel

Wie eine Zeitreise erlebt man jede Tour zwischen Cevennen und Mittelmeer und findet neben der Moderne immer wieder Römer- wie Katharerspuren.

Die romanischen Fresken der Abtei von Saint-Gilles zählen zu den bedeutendsten Zeugnissen mittelalterlicher Baukunst in Frankreich (→ S. 72).

Tausende kommen im Sommer täglich, um die meistbesuchte Festung Europas zu besichtigen. Für andere ist der Ort Ausgangspunkt in die Montagne Noire.

Carcassonne ■ A 8/B 8, S. 114

43 900 Einwohner
Stadtplan → S. 27

Mit dem Hausboot ist die Anreise am schönsten. So hat man im Sommer eine beschauliche Reise unter dem kilometerlangen Platanenschirm über den **Canal du Midi** hinter sich, bevor die Karussellmusik in den Ohren klingelt, die Animateure in die Folterkammern locken, die eben erstandenen Plastikschwerter kichernder Kinder aneinander klappern und sich die Düfte von gebrannten Mandeln, Pommes frites und schwitzenden Menschenmassen mischen. Der Bürgermeister von Carcassonne sinniert darüber, die Tagestouristenzahl zu begrenzen. Doch nicht einmal die Parkgebühren, die so hoch sind, dass man für die gleiche Summe eine kinderreiche Familie mit Baguettes versorgen könnte, schrecken die Fans der mittelalterlichen Burg. Für Amerikaner rangiert sie hinter dem Mont Saint-Michel und den Loire-Schlössern auf Platz 3 der französischen Sehenswürdigkeiten. Auch Walt Disney soll sich hier Anregungen geholt haben. 1997 ist die Cité von Carcassonne von der UNESCO in die Liste des Weltkulturerbes aufgenommen worden.

Zeugnis einer langen und kriegerischen Geschichte – das Château Comtal als Teil der Befestigungsanlagen von Carcassonne.

Vom Abrissobjekt zum Kindertraum

Dabei wollte man die mittelalterliche Oberstadt, **la Cité**, eigentlich abreißen, weil niemand sie mehr brauchte. Die Grenze zu Spanien verlief längst durch die Pyrenäen, weshalb von dieser Seite keine Gefahr mehr drohte. Statt des Militärs regierten Wein- und Tuchhandel die Unterstadt, in der sich die Bewohner Carcassonnes angesiedelt hatten, da sie zur Strafe für ihre Unterstützung der Katharer aus der Oberstadt vertrieben worden waren. Der berühmte Architekt Viollet-le-Duc begann 1844 mit der Restaurierung des mittelalterlichen Relikts. Er machte es schöner als zuvor und zum Traum zahlloser großer und kleiner Kinder.

7

3 km doppelter Festungsmauern und 56 Türme umschließen heute den Ort mit Schloss und Kathedrale, Marktplatz, teuren Hotels – und einer Jugendherberge – sowie unzähligen Andenkenläden und Gaststätten. Im Sommer hallen die betörenden Lieder mittelalterlicher Minnesänger zwischen den Mauern und kreuzen »Ritter« die Klingen an einem Ort, an dem eher das Töten als das Spielen die Geschichte prägte. **Lices** heißen die Gräben zwischen den Festungsmauern. Hier ist es stiller: Manche Besucher der Stadt lassen sich zum Picknick nieder oder unternehmen einen Spaziergang, auf dem man vielleicht ermessen kann, wie ab- und eingeschlossen zugleich das Leben hier einmal gewesen sein muss.

Aber plötzlich hört man auch hier ein Pferd schnauben. Und hoppla, da klappert ein Kutschengespann um die Ecke!

Die **ville basse**, die Unterstadt, soll übrigens zukünftig neu benannt werden. Man spricht in Paris schließlich auch nicht vom Montmartre als der Unterstadt, beschied der Bürgermeister.

Mindestens eine Stelle in dem stillen und etwas langweiligen Städtchen überbietet die Festung an Schönheit: die **Pont Vieux** über die **Aude** aus dem 13. Jahrhundert mit ihren zwölf Bögen auf 210 Metern Länge. Von hier aus hat man besonders abends einen herrlichen Blick auf die oben gelegene illuminierte Kulisse.

Hotels/andere Unterkünfte

Auberge de Jeunesse M ■ b 2/b 3
Die freundlich verwaltete Jugendherberge liegt mitten in der Cité. Es gibt ein Kaminzimmer, Küche und Garten, Fernsehen und eine Tischtennisanlage. Das Frühstück ist im Preis inbegriffen. Schriftliche Anmeldung (Zimmer für 2–6 Personen) erforderlich.
Rue du Vicomte-Trencavel, 11000 Carcassonne; Tel. 04 68 25 23 16, Fax 04 68 71 14 84; 40 Zimmer ★

Du Donjon M ■ b 2/b 3
Ein mittelalterliches Haus mit neuestem Komfort, Garten, Klimaanlage, Bar, Salons und Parkmöglichkeit im Zentrum der Cité. Eine einzigartige Treppe führt vom wunderschönen Erdgeschoss aus dem 14. Jh. ins 20. hinauf.
2, rue du Comte-Roger; Tel. 04 68 71 08 80, Fax 04 68 25 06 60; 36 Zimmer
★★★ AmEx EURO VISA

Grand Hotel Terminus
nordwestlich ■ b 1
So heißen schon in den Französisch-Lehrbüchern die Hotels am Bahnhof. Dieses jedoch ist einzigartig mit einer Eingangshalle aus den 30er Jahren, in der schon viele Filme gedreht wurden. Die Schnitzereien und Fahrstuhlkäfige tun ihr Übriges zur Atmosphäre. Für Hochzeitsreisende empfiehlt sich das Zimmer 7: stilvoll

möbliert, mit großen Fenstern und einem luxuriösen Bad.
2, av. du Maréchal-Joffre; Tel. 04 68 25 25 00, Fax 04 68 72 53 09; 100 Zimmer
★★ AmEx EURO VISA

Sehenswertes

Basilique St-Nazaire ■ b 3/b 4
Die romanische Kirche aus dem 13. Jh. hat trotz mehrfacher Vergrößerungen ihre Harmonie erhalten. Viollet-le-Duc beschrieb sie als Juwel im Museum Carcassonne. Das hinderte ihn jedoch nicht daran, den Glockenturm zur Zinne für die Festung umzubauen. Die Kirchenfenster mit ihrer feinen Zeichnung gelten als die schönsten im Süden Frankreichs.
Tgl. 9–12 und 14–18.30 Uhr

Château Comtal ■ a 2/b 2
Die Festung in der Festung wurde 1130 erbaut und diente zunächst als Gefängnis, im 19. Jh. als Kaserne, im Ersten Weltkrieg wieder als Haftanstalt (für 300 deutsche Offiziere) und im Zweiten Weltkrieg für die Nazis als Hauptquartier. Heute ist sie Museum und Zeugnis von mittelalterlichem Militarismus. Mit der Eintrittskarte kann man auch das (interessantere) **Musée lapidaire** mit Fundstücken aus der Geschichte Carcassonnes und alten Gemälden besuchen.
Juni–Sept. tgl. 9.30–19.30 Uhr, Okt.–März 9.30–17 Uhr, April/Mai 9.30–18 Uhr, an Feiertagen geschl.

Porte Narbonnaise ■ c 2
Narbonne im Osten zugewandt, liegt der Haupteingang der Festung zwischen zwei Zwillingstürmen aus dem 13. Jh., die 30 m hoch und 4 m breit sind. In den Türmen Ausstellungen moderner Kunst.

Promenade de Lices ■ a 1/c 4
Gleich links hinter der Brücke nach dem Eingang kann man in den Festungsgraben einbiegen. Man sieht hier mehr als in den schmalen Gassen der Altstadt und kann gut erkennen, welche der Türme nachgebaut wurden. Morgens und abends ist es hier sehr ruhig. Mehrere Treppen führen immer wieder in das Ortsinnere.

Essen und Trinken

Auberge de Dame Carcas M M ■ b 2
Ein renommiertes Gasthaus mitten in der Cité, dem der Touristenrummel über die Jahre hinweg nicht geschadet hat. Ob man im Gewölbekeller oder auf der Terrasse Platz nimmt, das Essen ist gleichermaßen köstlich und das Brot selbst gebacken. Regionale Weine werden zu zivilen Preisen serviert.
3, place du Château; Tel. 04 68 71 23 23; Mitte Jan.–Mitte Feb. und Mo und Di mittags außerhalb der Saison geschl.
★★ AmEx EURO VISA

La Divine Comédie nordwestlich ■ b1
Die »Göttliche Komödie« ist ganz offensichtlich ein beliebter Treffpunkt Einheimischer in der Unterstadt. Zu den Spezialitäten des Hauses gehört ein gutes Cassoulet, aber man kann unbesorgt auch Pizza essen.
29, bd. Jean-Jaurès; Tel. 04 68 72 30 36; So geschl. ★★ (alle Kreditkarten)

Le Tréseau nordöstlich ■ c 1
Ein freundliches und ruhiges kleines Haus, nur fünf Gehminuten von der Cité entfernt. Seine rosa Fassade mit grünen Läden taucht hinter dem Hotel L'Octroi auf. Im Sommer isst man hier einfach in angenehmem Ambiente und preisgünstig auf der Terrasse.
9, montée G. Combéléran;
Tel. 04 68 47 66 47 ★

Einkaufen

La Cavavin nordwestlich ■ b 1
Weinfreunde finden hier Erzeugnisse aus der Region sowie die bekannten Sorten aus anderen Gebieten Frankreichs in beachtlicher Auswahl.
69, rue de Verdun

Marché nordwestlich ■ b 1
Unter alten Platanen verkaufen die Bauern aus der Umgebung dienstags, donnerstags und samstags von 7–13 Uhr ihre Waren auf dem Markt.
Place Carnot

Saveurs de l'Aude nordwestlich ■ b1
Regionale Produkte und dabei natürlich die obligatorische Dose (oder das Glas) mit Cassoulet für zu Hause.
12, rue Armagnac

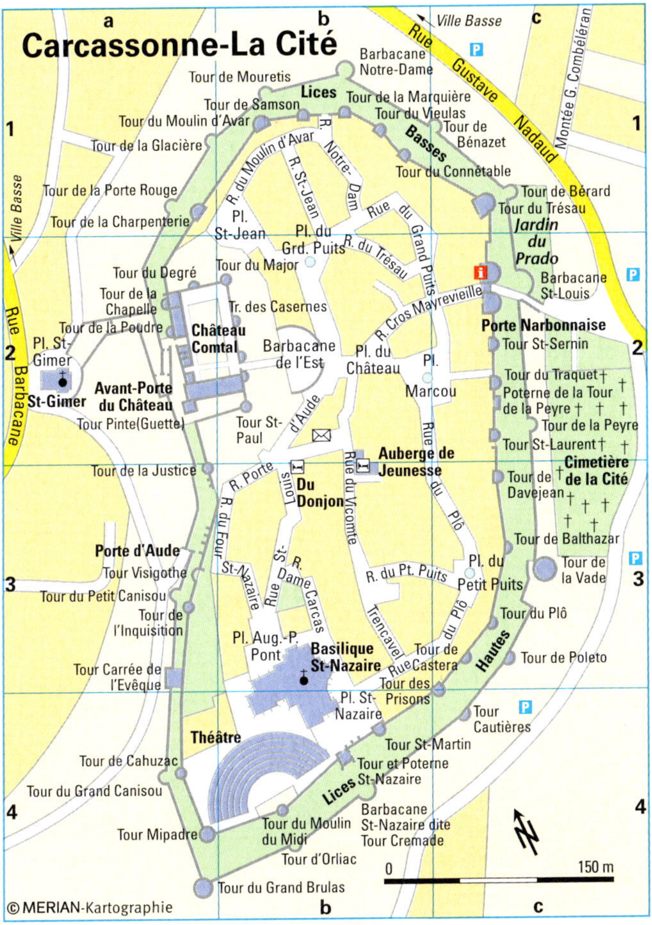

Am Abend

Le Métronome
Schöne Terrasse am Kanal, große Bar, lange Tapas-Karte und gelegentlich Livekonzerte.
3, av. du Mar. Foch; im Sommer tgl. geöffnet, sonst Mo–Sa 11.30–15.30 und 18.30–2 Uhr

Service

Auskunft

Bureau d'Info de la Cité ■ c 2
Porte Narbonnaise, 11012 Carcassonne Cedex; Ostern bis Allerheiligen tgl. 9–12.30 und 13.30–18, 1. Juli–15. Sept. 9–19 Uhr

Office du Tourisme nordwestlich ■ b 1
15, bd. Camille-Pelletan, 11000 Carcassonne, B.P. 842; Tel. 04 68 10 24 30, Fax 04 68 47 85 83; www.tourisme.fr/carcassonne

Midi-Croisières nordwestlich ■ b 1
Verleih von Motorrollern, Motorschiffen und Tretbooten.
Gegenüber vom Bahnhof; Tel. 04 68 47 57 58

14. Juli
Nirgends in der Region wird der Nationalfeiertag mit solchem Aufwand begangen wie in Carcassonne, und vielen ist es das schönste Spektakel überhaupt: Das Schloss, die Türme und Zinnen, die ganze mittelalterliche Cité erstrahlt in leuchtendem Feuerrot, bevor ein Feuerwerk sie in buntes Licht taucht.

Ziele in der Umgebung

Château de Peyrepertuse ■ C 14, S. 118

Wer sich nicht für alte Burgen interessiert oder nicht klettern mag und wem die Katharer vollkommen egal sind – eine Festung sollte er vielleicht doch näher ins Auge fassen. Die Ruinen des Château de Peyrepertuse bilden die Reste der größten mittelalterlichen Befestigung im Languedoc. Die Jahrhunderte haben die Steine auf den hellen Felsen gebleicht, und je näher man kommt, desto imposanter erheben sie sich vor dem Besucher: Fast 2,5 km Steinmauern umschlossen eine kleine Stadt. 4

Im 11. Jh errichtet, wurde die **Zitadelle** später noch um eine zweite Burg verstärkt. Hier kann man hinaufsteigen und die Überreste der ersten besichtigen, die über eine in den Fels gehauene Treppe zu erreichen ist. Feste Schuhe für den Aufstieg und mindestens eine Stunde Zeit braucht man für Aufstieg und Besichtigung. Wer wieder hinunterklettert, tut das sicher mit dem Gefühl, sich dies mittelalterliche Monstrum wirklich erarbeitet zu haben, aber es lohnt sich.

Von **Cucugnan** aus gelangt man auf der D 14 nach 4 km nach **Duilhac-sous-Peyrepertuse**, wo man am Ortseingang links fährt. Am Ende der kleinen Straße kann man parken. Eintritt muss man für den Aufstieg von April bis September, im Oktober nachmittags und an Wochenenden und während der Schulferien bezahlen. Sonst sind die Kassenhäuschen verwaist, ähnlich wie bei den anderen Festungen. Vermeiden Sie es jedoch wegen der Gefahr eines möglichen Steinschlags, allein oder nachts hochzuklettern.

Corbières und Katharerland ■ C 14/D 13, S. 118–119

Südlich des Canal du Midi und der Autobahn 61, die Atlantik und Mittelmeer verbindet, von Carcassonne bis Narbonne zieht sich das ehemalige Land der Katharer und ihrer verlassenen Burgen hin.

Oben: Carcassonne pflegt heute seine Geschichte – dabei wollte man die Oberstadt einst abreißen.

Mitte: Zerstört im Widerstreit religiöser Überzeugungen – die Katharerburg Peyrepertuse (→ S. 28).

Unten: Hinweisschild auf das Katharerland mit seinen verlassenen Burgen (→ S. 28).

Der Ursprung dieser religiösen Bewegung wird im Balkan vermutet. Von dort aus zogen die **boni homines**, die »guten Menschen«, etwa im 12. Jh. durch viele Länder Europas und ließen sich hier nieder. Ihr Einfluss in Südfrankreich währte jedoch nur bis ins 14. Jh.

Da die Katharer revolutionäre religiöse Grundsätze vertraten, für die Abschaffung der Todesstrafe und der Leibeigenschaft einstanden und ihr Leben auf strenge Askese, Wahrheitsliebe und Zivilcourage gründeten, machten sie sich die allgewaltige römisch-katholische Kirche zum Gegner. Große Teile des Adels, wie die Grafen Toulouse, schlossen sich dem Katharerzweig der Albigenser an. **Papst Innozenz III.** erklärte diese kurzerhand zur bedrohlichen Sekte, rief gegen die Dämonen, wie er sie bezeichnete, zum Kreuzzug auf und leitete damit die blutigen Albigenserkriege ein. Gewaltige Ruinen, vor allem in den Corbières, von denen die meisten nur mühsam und zu Fuß zugänglich sind, sind die letzten Zeugen der Katharerzeit.

Cucugnan

D 14, S. 119

Alphonse Daudet hat mit seinen »Lettres de mon moulin« das hübsche Dorf mit seinen altertümlichen Sträßchen und in warmen Farben gehaltenen Häusern unsterblich gemacht. Dabei galt es lange als bloße Erfindung des Dichters. Die so freundlich literarisch bedachten, dankbaren Dorfbewohner revanchierten sich und ließen Daudets Namen auf ein schönes gelbes Keramikstraßenschild gravieren. Von hier aus erreicht man nach 2 km auf der D 123 das **Château de Quéribus** in 730 m Höhe. Die im 11. Jh. erbaute Festung gilt als letzte Widerstandsinsel der Katharer und fiel im Jahre 1255. Gut 20 Minuten dauert es schon, die Festung, die wie ein Adlerhorst in den Felsen hängt, zu erklimmen. Aber der wundervolle Blick auf die Pyrenäen und über die Corbières entschädigt für die Mühe. Auch die Feuerwache bedient sich der Burg während der Sommermonate als Ausguck.

Espéraza

B 14, S. 118

2250 Einwohner

Das **Dinosaurier-Museum** in Espéraza, 15 km südlich von Limoux an der D 118, zeigt eine bemerkenswerte Ausstellung: Modelle der Urtiere in ihrer natürlichen Umgebung. Schließlich bevölkerten die riesigen Echsen vor 70 Millionen Jahren das **Aude-Tal**. Die Skelette in natürlicher Größe sind bis zu 11 m hoch. Ein Videofilm und ein Diorama vervollständigen die Informationen über die Urzeitmonster.

Av. de la Gare; tgl. 9–12 und 14–18, Juli/Aug. 10–19 Uhr

Montagne Noire

B 7/C 7, S. 114

Die Ausläufer des Zentralmassivs begleiten den Canal du Midi, und wer Carcassonne in Richtung Toulouse bzw. Castelnaudary verlässt und sich etwa 10 km hinter der Stadt von der N 113 in Richtung Montolieu wendet, befindet sich schnell in den unglaublich grünen »Schwarzen Bergen«. Jeder Tiefausläufer, der die Pyrenäen überwunden hat, regnet hier ab. Wer in dem Städtchen **Saissac** zwischen verfallenen Schlossmauern und verlassenen Häusern herumklettert, hört an jeder Ecke Wasser plätschern und nimmt überall Pflanzenpracht in voller Blüte wahr. Im Mittelalter gewährten die engen, dicht bewachsenen Täler den Katharern Schutz vor den päpstlichen Kreuzzugstruppen.

1210 m hoch ist der **Pic de Nore**. Aus diesen Höhen strömten die Bäche herab, mit denen der Erbauer Riquet den Canal du Midi speiste.

Montolieu

A 8, S. 114

850 Einwohner

Mont des Oliviers, Olivenberg, hieß das Tuchmacherstädtchen ursprünglich. Seit 1990 besinnt man sich hier jedoch auf ganz andere Stoffe. »Am Anfang steht die Utopie«, hatte sich der Buchbinder Michel Braibant 1989 gesagt und beschlossen, aus dem verschlafenen Ort nach Vorbildern aus Großbritannien und Belgien ein Dorf der Bücher und der grafischen Künste zu machen. Mit einem Buchmarkt begann es, und jetzt scheint Montolieu auf dem besten Wege, das vierte europäische **Bücherdorf** zu werden. An einem normalen Wochentag außerhalb der Saison wirken die Galerien und zwölf Buchhandlungen mit verschieden großem Sortiment etwas überdimensioniert. Doch an jedem dritten Sonntag im Monat ist Markt und im August Buchmarkt in allen Straßen.

Eine Besichtigung wert ist die nahe gelegene **Papiermühle**, die 1994 der Öffentlichkeit zugänglich gemacht wurde. Man kann auch an einem der gut besuchten Kurse des typografischen Ateliers Gutenberg teilnehmen. Wer will, kann hier auf handgeschöpftem Papier Kalligrafie und Typografie üben oder Buchbinden, Gravieren und die Papierherstellung erlernen.

Juli–Mitte Sept. Mo–Fr 9–19, Sa 9–12 und 14–19, So 11–19 Uhr, sonst 9–18, Sa 9–12 und 14–18, So 11–18 Uhr

Service

Auskunft

Office du Tourisme
Rue de la Mairie, BP 08, 1170 Montolieu;
Tel. 04 68 24 80 04, Fax 04 68 24 80 11

Atelier Gutenberg
11390 Brousses et Villaret;
Tel. 04 68 26 66 54

Der Besuch des Cafés gehört zu den Lieblingsbeschäftigungen von großen und kleinen Franzosen.

Canyon, Steppe und Tundra –

alles vereint in Frankreichs höchstem und einsamstem Département, in dem schon immer Aussteiger aller Art ihre Heimat fanden.

Die trockenen Zweige der Bäume knacken im Wind. Irgendwo blökt ein Schaf, piepst ein Vogel. Hügel und Hochtäler sind menschenleer, und nur mit Mühe macht man ein Stück Besiedlung aus. Die Behausungen der Menschen scheinen mit den Felsen zu verschmelzen und sind von derselben Farbe. Das ist das Auffälligste im Norden, wo die Südostausläufer des Zentralmassivs mit Granit, Schiefer und Kalk mehrere hundert Millionen Jahre Erdgeschichte präsentieren. Seit Urzeiten scheint die Landschaft unverändert geblieben zu sein – einfach und karg. Die vereinzelten Weiler sind aus dem Stein der Umgebung gemacht – und verlassen. »A vendre« kann man an einigen Türen noch lesen. Aber wer hätte sich hier schon ein Haus kaufen sollen? Wie Riesenboulekugeln liegen Granitblöcke am 1699 m hohen **Mont Lozère**. Die Flüsse im Westen haben Canyons in den Kalk gefressen, und selbst der rostrote Ackerboden besteht aus nichts anderem als zerbröseltem, von Eisensalzen gefärbtem Stein. Mit 200 km/h kann der Wind über die verwüsteten Hochebenen um den **Mont Aigoual** fegen, auf denen nichts den Blick aufhält. Lieblicher wird die Landschaft erst wieder weiter südlich um die Höhenstraße **orniche des Cévennes** herum, dort wo der Gardon in unzähligen Falten

Schafherden sieht man auch auf den kargen Höhen der Cevennen immer seltener.

zur Rhône hinunterfällt. Dort jedoch befindet man sich bereits im Département Gard.

Zuflucht für Freigeister und Verfolgte

Lange hatten sich die Bewohner der Cevennen mit ihrer Umwelt arrangiert. Die kargen, von Steinwällen geschützten Böden ließen Kastanien sprießen, deren Früchte Menschen und Vieh über den Winter halfen. Aus dem Holz baute man Möbel, und aus den jungen Baumtrieben flocht man Körbe. Schafe verteilten Dung auf ihren langen Wegen über die Höhen, bei denen sie Schneisen, **drailles**, durch die Cevennen trampelten. Daher waren sie auf dem Weg von den schnell verdorrten Frühlingsweiden zu den hoch gelegenen Sommeralmen willkommen. Aus den Frühlingsweiden sind längst Weinfelder geworden. Billige Wolle wird importiert, und die Schafherden werden immer seltener. Viele Bergbewohner zogen schließlich in die Ebene und ans Mittelmeer, um dort in Industrie und Tourismus eine Arbeit zu finden und eine neue Existenz aufzubauen.

Das schwierige Land mit schwacher Wirtschaft und rauem Klima war immer ein Land des freien Geistes. Es war eine Zufluchtsstätte: der Protestanten nach dem Edikt von Nantes, der Priester während der Revolution und einiger Juden während der Nazizeit. Die einsamen Bauernhöfe an den Wasserläufen mit ihren kleinen Familienfriedhöfen am Feldrand boten ideale Verstecke. In jüngster Zeit kamen dann diejenigen, die in der Gesellschaft keinen Platz für sich fanden und hier, in der unüberhörbaren Stille, bei Ziegenzucht und Yoga, Marcuse- und Rousseau-Lektüre zu sich selbst finden wollten. Fast alle haben sich über- und das Land unterschätzt. Auch über ihre Ansiedlungen ist oft schon wieder Gras gewachsen.

Nationalparks und bescheidene Ferienorte

Seit 1970 gehört das Herzstück der Cevennen mit einem Teil der **Causse Méjean** zu den sieben französischen **Nationalparks**. In seinem Zentrum leben noch etwa 600 Menschen, zum Großteil Bauern. An Quellen und Höhlen vorbei führen unzählige Wanderwege, die zu den schönsten im Süden Frankreichs zählen. Manche Orte haben sich zu bescheidenen Ferienzentren entwickelt, geschätzt von Anglern und Wanderern und anderen Freunden der Stille. Zuflucht sind Cevennen und Lozère auch geblieben, zumindest für die Bewohner der im Sommer überhitzten Küstenstädte und Einsamkeit suchende Touristen.

Ziele in der Umgebung

Anduze

C 9, S. 116

3000 Einwohner

»Pforte der Cevennen« nennt man das geschäftige Städtchen. Es liegt 13 km von Alès entfernt, der wenig attraktiven Hauptstadt der Cevennen, und zwischen Fluss und Bergen eingeklemmt. Ungewöhnlich viele Geschäfte reihen sich in dem kleinen Ort auf dem Weg zum Marktplatz aneinander. Neben dem überdachten Marktplatz und seinen Cafétischen überrascht den Besucher ein mit bunten lasierten Ziegeln überdeckter Ziehbrunnen aus dem Jahr 1649. Die Legende erzählt, ein Seidenraupenzüchter aus Anduze habe die Idee dazu von einer Reise in den Orient mitgebracht. Boisset hieß der berühmte Töpfer, bei dem Versailles die großen Blumentöpfe, **vases d'Anduze**, bestellte.

Hotels/andere Unterkünfte

Chez M. et Mme. Tirfort
Von Obstbäumen und Kiefern umgeben liegt das kleine Haus mit geschmackvollen Gästezimmern.
Ferme des Tirforts, Quartier de Veyrac; 6 Zimmer; Tel. 04 66 61 74 87 ★★

Gîte Rural du Moulin
Neben dem Häuschen der Tirforts steht diese **gîte**. Hier kann man auch Obst und Gemüse direkt vom Hof kaufen und an einem alten Mühlstein – mit Blick auf Akazien, Aprikosen- und Pflaumenbäume – seinen Apéritif nehmen. Campingfreunde finden 25 Plätze mit Duschen, warmem Wasser und elektrischen Anschlüssen. Rechtzeitige Anmeldung ist empfehlenswert. Zu erreichen in Richtung Nîmes. Nach 2 km führt rechts eine kleine Straße Richtung Vayrac zur Ferme des Tirforts.
Quartier de Veyrac; Tel. 04 66 61 74 87 ★★

Sehenswertes

Bambouseraie de Prafrance
Europas einziger Bambuswald liefert auch die Nahrung für die Pandabären im Berliner Zoo. Auf 12 ha sprießen in einem Mikroklima unter südlicher Sonne etwa 150 Bambusarten. Die größten davon werden bis zu 25 m hoch und erreichen einen stattlichen Durchmesser von 20 cm. Die stabile und vielseitige Wunderpflanze brachte im vorigen Jahrhundert Eugène Mazel, ein Samenhändler aus dem Gard, ebenso wie andere exotische Gewächse von seinen Reisen in den Fernen Osten mit. So kann man beim Spaziergang durch den Park Gingkobäume, Palmen und Magnolien bestaunen. Im japanischen Wassergarten schwimmen zwischen Lotusblüten und ägyptischem Papyrus Koi-Karpfen in allen denkbaren goldroten Schattierungen herum. Filme wie »Lohn der Angst« oder »Paul und Virginie« wurden hier gedreht. Der Wald liegt 2 km nördlich von Anduze.
März–15.Nov. tgl. 9.30–12 und 14–19 Uhr, im Sommer durchgehend geöffnet, 16. Nov.–Ende Feb. Mo und Di geschl.; Eintritt 6 €

Grotte de Trabuc
»Grotte der 100 000 Soldaten« nennt sich die Höhle auch nach einer Fülle nur Zentimeter kleiner Stalagmiten. Sie gehört zu den großen Tropfsteinhöhlen, wie sie in und um die Cevennen vielerorts zu finden sind. 12 km der anscheinend unendlichen Galerien sind bis heute erforscht. In einem geheimnisvollen unterirdischen Saal, den Wissenschaftler bisher noch nicht enträtselt haben, wartet ein ganzer Wald von Kleinstalagmiten, daneben der »Saal des Mitternachtssees«, die »Teufelsbrücke« oder der »Gong-Saal«. Aber vielleicht entdecken Sie auch etwas ganz anderes. Jedenfalls lässt sich ein Höhlenbesuch bei 14 Grad an heißen Sommertagen nur empfehlen. An der Zahl der Reisebusse draußen ist abzulesen, dass viele Touristen derselben Meinung sind.
15. Juni–15. Sept. tgl. 9.30–18.30 Uhr, 15. März–15. Juni und 11. Sept.–15. Nov. von 12–14 Uhr geschl.; Eintritt 8 €

Essen und Trinken

Table d'Hôte La Truie qui Doute MM
Ein wenig baufällig sieht es schon aus, das Gebäude aus dem 13. Jh., das anscheinend am Ende der Welt liegt. Doch wer den Weg nicht scheut, wird mit außergewöhnlicher Kochkunst belohnt. Alles, was Sie bekommen, ist hier in der Umgebung gezogen, geangelt, geschossen und vom Küchenchef Hébrard nach aus dem Mittelalter stammenden Rezepten zubereitet. Für das Privileg, an seiner Kunst teilzuhaben, muss man

Oben: Die Bambouseraie de Prafrance ist auch als Filmkulisse bekannt. Die hier angepflanzten Bambusarten können zwischen 15 und 28 Meter hoch werden (→ S. 34).

Mitte: Einfaches Steinhaus in den Cevennen. Als Baumaterialien dienen Granit und Schiefer.

Unten: Das Naturerlebnis der Tarn-Schluchten erschließt sich umfassend nur den Reisenden, die den Fluss mit dem Kanu befahren (→ MERIAN-Tipp S. 37).

sich mindestens einen Tag vorher anmelden.

Von der Route de Saint-Hippolyte-du-Fort (D 133), genau am Ortsausgang, biegen Sie rechts in die ansteigende Straße, an deren Ende (knapp 3 km) das Restaurant liegt.
Tel. 04 66 61 71 38 ★★

Einkaufen

Pôterie d'Anduze
Für ihre Keramik und besonders die großen Gartenvasen ist die Stadt schon seit langer Zeit berühmt. Bereits Ludwig XIV. bestellte in Anduze einige Stücke für die Orangerie von Versailles.
Route de Saint-Jean-du-Gard

Service

Auskunft

Office du Tourisme
Place du Plan-de-Brie (gegenüber dem Uhrturm), 30140 Anduze; Tel. 04 66 98 17

Aubrac nordöstlich ■ A 1, S. 112

Unverkennbar, hier muss das Ende der Welt sein. Eine Landschaft aus kahlen Kuppen, so weit das Auge reicht. Nur Wiese und Heideland unterbrechen gelegentlich die Eintönigkeit. Dann durchschneiden Bäche voller Forellen die Felder, tauchen Schäferhütten aus Schiefer auf und gelegentlich ein Glockenturm. Kaum zu glauben, aber 1300 Pflanzenarten sollen hier gedeihen. Die Seen sind wahre Angelparadiese, und das Skigebiet erstreckt sich im Winter über 150 km.

Châteauneuf-de-Randon ■ C 1, S. 112

Eines der schönsten Dörfer der Lozère liegt hoch oben auf einem Gipfel. Von hier aus kann man immer wieder überraschende Blicke in die Ferne genießen, und wer mag, kann auch ein paar Tage hier verbringen. Es gibt mehrere Hotels und Restaurants und verschiedene Cafés.

Hotel

La Poste
Am Fuß des Hügels liegt das Gebäude, das noch heute an eine Pferdewechselstation erinnert und seit 150 Jahren in Familienbesitz ist. Freundliches Haus und gute Küche.
48170 L'Habitarelle; Tel. 04 66 47 90 05, Fax 04 66 47 91 41; 16 Zimmer; Jan. geschl. ★★

Florac ■ C 2/D 2, S. 112/113

2000 Einwohner

Drei Flüsse – Tarn, Tarnon und Mimente – treffen in dem Tal, in dem Florac liegt, zusammen, und dann gibt es noch einen kleinen Fluss, der im Ort entspringt. Man merkt schnell, dass man sich hier in einem viel besuchten Wanderparadies aufhält. Immer wieder tauchen die Hinweisschilder für einen **sentier**, einen Rundwanderweg, auf. Im Ort werden auch Privatzimmer vermietet.

Trotzdem sucht man hier im Sommer manchmal vergeblich nach einer Unterkunft. Wer vom Schloss aus, in dem auch das Büro des Cevennen-Nationalparks untergebracht ist, durch die Gassen schlendert, findet sich häufig in trostlosen Sträßchen wieder, in denen leer stehende Häuser zum Verkauf angeboten werden. Wohnen wollen hier nur wenige, aber als Basislager für die Wanderer auf den endlosen Herdenwegen der Causse Méjean oder im Nationalpark Cevennen und die vielen Wassersportler, die keine Unterkunft am Gorges du Tarn gefunden haben, ist Florac optimal.

Hotels/andere Unterkünfte

L'Auberge Cévenol
Eine gemütliche Landherberge, in der man im Sommer auf der Terrasse und im Winter am Kamin gut essen kann, sofern man rechtzeitig einen Tisch bestellt hat.
48400 La Salle-Prunet, 2 km außerhalb an der Straße nach Alès; Tel. 04 66 45 11 80; 10 Zimmer; Mitte Nov.– Anfang Feb. geschl. ★

Chantemerle
Kleine, aber schöne Camping-Anlage am Tarn-Ufer in Bédouès. 2 km außerhalb an der Straße nach Pont-de-Montvert
1. Juni–15. Sept.; Tel. 04 66 45 19 66

Gîtes d'Etape
Gemeindeherberge mit 29 Betten, Heizung, Küche und sanitären Anlagen.
Tel. 04 66 45 14 93 ★

Grand Hôtel du Parc
In einem hübschen Park liegt das größte, ein wenig altmodische Hotel der Gegend.
47, av. Jean-Monestier; Tel. 04 66 45 03 05, Fax 04 66 45 11 81; 60 Zimmer
★★ EURO VISA

Camping
Campingplatz am Pont-du-Tarn, an der Kreuzung der Straßen von Ispagnac und Pont-de-Montvert, gut ausgestattet und am Tarn-Ufer gelegen.
1. April–31. Okt.; Tel. 04 66 45 18 26, Fax 04 66 45 26 43

Spaziergang

Beim Schloss beginnt der Quellen-Rundweg, der **Sentier de la Source**. In einer guten halben Stunde hat man die **Source du Pêcher** erreicht und kann von hier aus einen wunderschönen Panoramablick über Florac genießen.

Sehenswertes

Aven Armand B 2/B 3, S. 112
Zwischen **Causse Méjean** und **Gorges de la Jonte** liegt die vielleicht schönste Tropfsteinhöhle der Gegend. Sie wurde 1897 entdeckt und 1927 geöffnet. Mit einer Seilbahn fährt man hinunter in einen 35 m hohen und etwa 60 mal 100 m großen, merkwürdigen Saal voller bizarrer Kalkgebilde, die sich im Laufe von Jahrtausenden zu geheimnisvollen Figuren, ziselierten Gerätschaften und weißen Palmen geformt haben. 3
Ende März–Anfang Nov. 9.30–12, 13.30–18, Sommer 9.30–19 Uhr; 10 Grad!; Eintritt 8 €

Causse Méjean B 2/C 2, S. 112
Eine Wüste, 1000 m über dem Meeresspiegel gelegen, mit ganzen 1,4 Einwohnern auf einem Quadratkilo-

MERIAN-Tipp

Wildwasserfahrt durch die Gorges du Tarn Die Organisation Les Bateliers in La Malène bringt Abenteuerlustige mehrmals am Tag ein Stück flussabwärts. Von der Anlegestelle unterhalb der Brücke lotst ein Einheimischer Gruppen von vier bis fünf Personen 8 km bis hin zum Cirque de Baumes, einem naturgewachsenen Amphitheater, aus dem Felsen und Baumgruppen wachsen. Ein Kleinbus transportiert alle nach bestandenem Abenteuer wieder ins hübsche La Malène zurück. Der Spaß kostet 20 € pro Person. Beste Zeit dafür sind die Monate Mai/Juni. Büro rechts von der Brücke in La Malène; Tel. 04 66 48 51 10 B 2/C2, S.112

meter. Nur einige Nebenstraßen und die **drailles**, die Herdenwege, sowie die großen Fernwanderwege durchziehen die öde Hochebene.

Gorges du Tarn ■ B 2/C 2, S. 112
Zu Ostern, Pfingsten und natürlich im Sommer zieht es hier scharenweise Urlauber her. Hinter Ispagnac wird der kleine Fluss, der vom Mont Lozère kommt, ungestüm. Dann lässt er Granit und Schiefer hinter sich, gräbt sich tiefer, stürzt über 500 m hohe Steinklippen in die Tiefe, zwängt sich zwischen La Malène und Les Vignes durch Engpässe, mäandert wild weiter wie am Cirque des Baumes, nimmt Haarnadelkurven bis hin zum Roc des Hourtous, wo Adler über dem Wasser kreisen.

Schloss
Bevor die Nationalparkverwaltung 1973 das Schloss erwarb, renovierte und hier ihr Auskunftszentrum einrichtete, diente es als Ferienkolonie. Der große Hof aus dem 13. Jh. mit dem Schloss aus dem 17. Jh. diente im Laufe der Zeit als Herrensitz, Salzspeicher und Gefängnis.
Juli und Aug. tgl. 9–19 Uhr, sonst wechselnd

Service

Auskunft

Syndicat d'Initiative
Av. Jean-Monestier, 48400 Florac; Tel. 04 66 45 01 14

Centre d'Information du Parc National des Cévennes
Im Erdgeschoss des Schlosses erhält man Themenblätter über Unterkünfte, Wander- und Reitwege und Jugendcamps. Auch Wanderführer werden hier verkauft.
Juni–Okt.; Tel. 04 66 49 53 00

La Garde-Guérin ■ E 1, S. 113

Ganz plötzlich taucht das Dorf vor einem auf: schmuck und schön mit einigen grob gemauerten Behausungen, die sich Kunsthandwerker, Künstler und Restaurants erobert haben. Im Sommer ist es hier dementsprechend überlaufen. Eine Verkaufsausstellung der Handwerker ist von Juli – 15. Sept. tgl. 10–19 Uhr geöffnet. Das Auto muss man vor dem Fußgängerdorf abstellen.

Hotel

Auberge Régordane MM
Im 16. Jh. entstand dieser Herrensitz, und die Zeit scheint, zumindest im gepflasterten Hof, stehen geblieben. Der helle Speisesaal ist oft bis auf den letzten Platz besetzt und das Essen gut und günstig.
In der Fußgängerzone; Tel. 04 66 46 82 88, Fax 04 66 46 90 29; 16 Zimmer ★★

Les Loups du Gévaudan nördlich ■ B 1, S. 112

In Sainte-Lucie, 9 km nördlich von Marvejols, liegt in einer wildromantischen Landschaft auf 1100 m Höhe ein Wolfspark. Im Gehege von 25 ha tummeln sich 120 Wölfe. Der ehemalige Journalist Gérard Ménatory, der die Besucher während der Fütterungszeiten (Mo, Mi, Fr) auch mit ins Gehege nimmt und dort mit seinen Pfleglingen herumtollt, versucht, die Wölfe in diesem Gebiet wieder heimisch zu machen. Der letzte soll Anfang des Jahrhunderts erlegt worden sein.

Vom Hugenottenführer Merle einst im 16. Jahrhundert zerstört: die dreischiffige Kathedrale von Mende. Wegen Geldmangels wurde der Bau des rechten Turms um fast 20 Meter niedriger ausgeführt.

Von Marvejols geht es auf der N 9 in Richtung Aumont-Aubrac, nach 6 km nach rechts und bis ans Ende der Straße.
Tgl. 10–18, Sommer 19 Uhr

Margeride nördlich ■ C 1, S. 112

Wieder eine Landschaft für Einsamkeitssucher, Pilz- und Heidelbeersammler. Die lang gezogene Hochebene erstreckt sich weit mit tiefen Wäldern und vereinzelten Ansiedlungen. In der Gemeinde **Sainte-Eulalie** werden in einem Gehege 20 aus Polen stammende Wisente gehalten, die **Bisons de la Margeride**. Am Eingang zum Wildpark gibt es auch ein Museum.
Tgl. 10–12 und 14–17 Uhr, im Sommer ohne Pause, bis 18 Uhr; Eintritt 11 €

Mende ■ C 1, S. 112

11 800 Einwohner

Nein, hier sieht es weder nach Südfrankreich und schon gar nicht nach einem Urlaubsgebiet aus. Das hübsche Städtchen aus einer anderen, längst vergangenen Zeit mit seinen herrschaftlichen Häusern hinter der Kathedrale war einst bedeutendes Wollhandelszentrum und ist heute die Hauptstadt des Départements Lozère. Die Jahrzehnte scheinen an ihr spurlos vorübergegangen zu sein.

Hotels

La Boulène
Auberge équestre, eine Reiterpension, aber man darf auch ohne Pferd kommen und kann, wenn man will, eins ausleihen. Die Zimmer sind hübsch, der Blick schön, das Essen ist gut. Reservierung ratsam.
Aspres (hinter dem Hotel du Pont Roupt rechts und den Chemin du Rieu-Cros entlang); Tel. 0466492337, Fax 04 66 49 34 43; 10 Zimmer ★★ AmEx EURO VISA

De France
Ein altes, einfaches Haus mit angeschlossenem Restaurant.
9, bd. Lucien-Arnault; Tel. 04 66 65 00 04, Fax 04 66 49 30 47; 28 Zimmer; 21. Dez. bis 31. Jan. geschl. ★★

Du Gévaudan
Einfaches, aber freundliches Haus gleich neben der Kathedrale.
2, rue d'Aigues-Passes; Tel. 04 66 65 14 74; 11 Zimmer ★

Du Pont Roupt
Komfortables Haus am Flussufer mit Feinschmeckerrestaurant.
2, av. du 11-Novembre; Tel. 04 66 65 01 43, Fax 04 66 65 22 96; 27 Zimmer ★★★ EURO VISA

Sehenswertes

Magasin de la Coopérative des Artisans et Paysans de Lozère
Im ehemaligen Karmeliterkloster stellen ungefähr 150 Kunsthandwerker aus dem Département ihre Arbeiten aus: Möbel, Schmiedeeisernes, Korbwaren u. a.
4, rue de l'Ange

Service

Auskunft

Syndicat d'Initiative
14, bd. Henri-Bourillon, 48000 Mende; Tel. 04 66 65 02 69

Comité Départemental du Tourisme de la Lozère
Hier erhält man Antwort auf alle erdenklichen Fragen, Hotel-, Restaurant- und Campingverzeichnisse bis hin zu Adressen von Ferienwohnungen und -häusern auf dem Land sowie Freizeitangebote für Kinder, Reiter, Wanderer und Höhlenforscher.
14, bd. Henri-Bourillon;
Tel. 04 66 65 60 00

Meyrueis

■ C 3, S. 112

900 Einwohner

»Inmitten der Bäche« bedeutet der Name des Ortes, Schnittpunkt dreier Täler, durch den Jonte, Bétuzon und Brèze fließen. Nach der Woll- und Baumwollspinnerei und der Anfertigung von Filzhüten ist der Fremdenverkehr, dank günstiger Lage nahe der Tarn-Schlucht, zum wichtigsten Erwerbszweig des Ortes geworden. Schon 1888 wurde hier der erste Verkehrsverein in der Lozère gegründet. Heute reihen sich die Hotels am Ufer des Bétuzon aneinander, und während der Saison drängeln sich hier Kletterer, Höhlenforscher, Wanderer, Rad- und Motorradfahrer sowie Kanuten.

Hotels

Qualität und Preise der Hotels sind ähnlich. Fast alle liegen in der Mittleren Preisklasse. Verschiedene Privatleute vermieten Gästezimmer zu oft ähnlichen Konditionen.

Family
Angenehmes Haus, das zur Kette »Logis de France« gehört.
Tel. 04 66 45 60 02, Fax 04 66 45 66 54; 48 Zimmer ★★ AmEx DINERS EURO VISA

La Renaissance
Edel möbliertes, schönes Haus aus dem 16. Jh.
Rue de la Ville; Tel. 04 66 45 60 19, Fax 04 66 45 65 94; 18 Zimmer ★★★ AmEx DINERS EURO VISA

Des Sapins
Das Haus sieht zwar langweilig aus, ist aber das günstigste am Ort.
Rue Henri Marret; Tel. 04 66 45 60 40; 16 Zimmer; Okt.–Juni geschl. ★★ AmEx DINERS EURO VISA

Sehenswertes

Burg Roquedols
Etwa 2 km südlich von Meyrueis an der Straße zum Mont Aigoual liegt das gut erhaltene Anwesen aus dem 15. Jh., in dem ein Informationsbüro des Cevennen-Nationalparks untergebracht ist.

Fermes de Jontanels
Von der D 996 Richtung Florac biegt man nach 11 km rechts ab, um in einem einsamen Tal das Dörfchen zu finden, in dem es seit einigen Jahren eine Käsefabrik und eine Angorakaninchenzucht gibt. Die Käserei kann man tgl. um 11 Uhr besichtigen, die Kaninchen nicht, dafür jedoch Wolle, Angorapullover und hausgemachte Marmelade erstehen.

MERIAN-Tipp

Fête de la Transhumance
Um den 25. Mai, wenn hier die Blumen blühen, werden die Kühe nach dem langen Winter auf die Dômes des Aubrac getrieben. Auf den Hochweiden verbringen sie den Sommer. Dafür schmücken die Bauern sie an einem Sonntag mit Glocken, Fähnchen und der Trikolore und flechten in die Hörner Blumengebinde und Wacholderzweige. In Aubrac (nicht zu verwechseln mit Aumont-Aubrac) treibt man die Tiere in eine Einfriedung, und die schönste Herde bekommt als Preis eine große Kuhschelle verliehen. Gegessen und getrunken wird anschließend in den Landgasthäusern und Schäferhütten.
nordöstlich ■ A 1, S. 112

Notre-Dame-du-Rocher
Unübersehbar ragt die 1876 errichtete Kapelle auf einem Felsen auf. Heute ist sie Unterkunft für Wanderer auf dem Weg zur Grotte de Dargilan, die 8 km westlich an der zur Causse Noir hinaufführenden Straße liegt.

Essen und Trinken

In den meisten Hotels gibt es passable, oft preisgünstige Restaurants.

Ferme-Auberge chez Rémi Baret M M
Unter Kastanienholzbalken werden auf diesem Bauernhof Speisen nach alten Causse-Rezepten serviert. Es ist sinnvoll, vorher einen Platz zu bestellen, und wenn man da ist, die besondere Leckerei des Hauses, die Roqueforttorte, zu probieren.
Les Hérans, 1 km südlich von der Aven Armand entfernt;
Tel. 04 66 45 64 42 ★/★★

Service

Auskunft

Syndicat d'Initiative
Im Uhrturm, 48150 Meyrueis;
Tel. 04 66 45 60 33

Mont Lozère

D 1, S. 113

Der 1699 m hohe Granitriese, im Winter schneebedeckt, im Sommer unter einer gelbgrauen Pflanzendecke, schob sich wie ein Riegel zwischen zwei Welten: zur Zeit der Völkerwanderung zwischen Frankreich und Westgotenreich und später zwischen das Königreich Frankreich und die Grafschaft Toulouse. Wer dem rot-weiß markierten GR 68 folgt, hat über 100 km vor sich. Der schöne 30 km lange Wanderweg verläuft rund um das Bergmassiv. Die Nationalparkverwaltung hat sieben Tagestouren auf dem Berg ausgeschildert.

Montpellier-le-Vieux

A 3, S. 112

So wie die zerklüfteten Steinbrüche vom nahen Nîmes-le-Vieux, nur imposanter und größer, liegt das Felsenmeer von Montpellier-le-Vieux nördlich vom Canyon de Dourbie zwischen Causse du Larzac und Causse Noir. Man könnte die Kalksteinsammlung wirklich für eine riesige Ruinenstadt halten. Drei unterschiedliche Wege, von denen der längste ca. zwei Stunden dauert und eine ganz gute Kondition sowie feste Schuhe erfordert, führen durch die Felsblöcke, denen Regen und Wind bizarre Formen verliehen haben.
Eintritt 5 €, Kinder 2 €

Saint-Hippolyte-du-Fort

C 9, S. 116

3300 Einwohner

Am Fuße der Südcevennen liegt der kleine Ort, der nicht nur wegen seines Seidenmuseums einen Besuch wert ist. Auf dem Rundgang durch den alten Ortskern kommt man an 20 Sonnenuhren vorbei. Im Office du tourisme gibt es einen Plan.

Sehenswertes

Monoblet
Ein wahres Wirtschaftswunder kann man in Monoblet, das 7,5 km nördlich von Saint-Hippolyte liegt, nach Voranmeldung besichtigen: Die »Filature de Grefeuilhe« stellt hier seit einiger Zeit wieder Cevennen-Seide her. 1972 begann ein Lehrer damit, eine Maulbeerbaumkultur anzusetzen. Drei Jahre später wuchsen in Monoblet 4000 neu gepflanzte Bäume. Bereits 1985 produzierte man 10 000 m Stoff, der als »Soie-Cévennes« an Couturiers in Paris und Japan verkauft wurde.

Museum

Ecomusée de la Soie
In einer ehemaligen Kaserne ist heute das Seidenmuseum untergebracht. Hier lernt man die Seidenherstellung vom Maulbeerbaum bis zur Spinnerei kennen. Bis zum 18. Jh. war die Seidenraupenzucht ein bedeutender Wirtschaftszweig in der Region. Jetzt versucht das Heimatmuseum, wieder für Cevennen-Seide zu werben.
Tgl. 10–12.30 und 14–18.30 Uhr, Juli und Aug. durchgehend geöffnet; Eintritt 6 €

Saint-Jean-du-Gard

2500 Einwohner ■ E 3, S. 116

Die kleine »Hauptstadt des Kamisardenlandes«, von welchem man mehr im Musée du Désert erfährt, ist auch der Ausgangspunkt für die Fahrt mit dem Seidenzug nach Anduze oder zum Bambuswald. Der Wochenmarkt am Di ist Treffpunkt der ganzen Umgebung.

Hotels

La Corniche des Cévennes
Einfach, aber freundlich. Zum Essen kann man auf der Terrasse sitzen.
Quartier le Razet (letzes Haus am Ortsausgang Richtung Florac); Tel. 04 66 85 30 38, Fax 04 66 85 32 48; 16 Zimmer ★★

Inter Hôtel – L'Oronge
»Oronge« ist der Name eines seltenen Speisepilzes, der in den Cevennen gedeiht. Das Hotel, ein auffallend hohes Bauwerk mitten im Ort, war im 16. Jh. eine Umspannstelle für Postkutschenpferde auf dem Weg von Nîmes nach Florac. Robert Louis Stevenson beendete hier seine Reise mit der Eselin Modestine. Man sitzt und isst gut im schattigen Hof.
103, grand' rue; Tel. 04 66 85 30 34; 40 Zimmer ★★ AmEx EURO

Museen

Musée du Désert
Im Geburtshaus des Kamisardenführers Pierre Laporte, besser bekannt unter seinem Spitznamen Roland, wurde 1910 dieses Museum eingerichtet. Es ist Eigentum der Historischen Gesellschaft des französischen Protestantismus. Mit »Désert«, der »Kirche in der Wüste«, umschrieben die Hugenotten eine der furchtbarsten Phasen ihrer Geschichte, also die Zeit nach dem Edikt von Nantes und der Aufhebung der Glaubensfreiheit im Jahre 1685. »Le Désert« ist Symbol für den Durchhaltewillen der Glaubensgemeinschaft. Die Hugenotten interpretierten in Anlehnung an die Bibel ihre eigene Geschichte als Führung durch die Wüste. Den **Mont Aigoual** verehr-

! MERIAN-Tipp

Mit dem Esel durch die Cevennen wie Stevenson? Kein Problem. Nördlich von Ganges und Pont d'Hérault führt von Notre-Dame de la Rouvière die D 152 zum Col de l'Asclier. Auf diesem Weg liegt die **Gîte d'Anambule** M. Mit den Wirten Gabrielle und Antoine Brumelot findet man die richtigen Leute, die eine solche Reise durch die Berge vorbereiten. Der Esel trägt das Gepäck und auch mal das müde Kind. Wer möchte, kann sich auch begleiten lassen. Die Reise mit Esel geht ganz nach Wunsch über einen bis mehrere Tage. Gabrielle et Antoine Brumelot, Valnières Anambule, 30570 Notre-Dame de la Rouvière; Tel. 04 67 82 48 10
■ D 3, S. 113

ten sie dabei als Pendant zum Berg Sinai. Das Museum liegt in Mas-Soubeyran, einem alten Cevennenweiler bei Mialet, 11,5 km südlich von Saint-Jean-du-Gard.
März–Nov. tgl. 9.30–12 und 14.30–18 Uhr, 1. Juli bis zum ersten So im Sept. durchgehend geöffnet; Eintritt 30 FF

Musée des Vallées Cévenoles
Seide und Kastanien, die wichtigsten Wirtschaftsprodukte der Cevennen bis zum 19. Jh., stellen die Hauptthemen des Heimatmuseums dar, das in ehemaligen Stallungen aus dem 17. Jh. eingerichtet ist.
95, grand' rue; April–Okt. 10–12.30 und 14–19 Uhr, Juli und Aug. 10–19 Uhr, Nov.–März Di, Do 9–12 und 14–18, So 14–18 Uhr; Eintritt 4 €

Le Voyage dans le Temps
Geschichte auf vier Rädern, von der Postkutsche bis zum Pontillac. Besonders hübsch: das Stadtcoupé 1860, mit dem der Maler Henri de Toulouse-Lautrec durch die Gassen von Montmartre klapperte.
Av. de la Résistance; während der Saison durchgehend geöffnet, sonst nur an Sonn- und Feiertagen; Eintritt 4 €

Service

Auskunft

Office du Tourisme
Place Rabaut-Saint-Etienne, 30270 St-Jean-du-Gard; Tel. 04 66 85 32 11

Villefort

■ E 1, S. 113

800 Einwohner

Der schattige und selbst im Sommer kühle Ort mit pittoresken alten Häusern und einem Rathaus aus dem 15. Jh. liegt am Fuße des Mont Lozère und bildet eines der Tore zum Cevennen-Nationalpark. Die Bahnstrecke Paris–Nîmes über Clermont-Ferrand führt durch Villefort, und so kann man hier auch aussteigen. Donnerstagvormittag findet ein Markt statt.

Hotels/andere Unterkünfte

Balme
Hier könnte es sich fast um ein altes Kurhotel handeln, das außerdem eine ausgezeichnete Küche zu bieten hat, in der neben regionalen auch asiatische Spezialitäten angeboten werden. Was daran liegt, dass der Chef seinen Urlaub gerne in Thailand verbringt.
Place du Portalet; Tel. 04 66 46 80 14, Fax 04 66 46 85 26; 20 Zimmer; 15. Nov.–15. Feb. geschl. ★★ EURO VISA

Du Lac
Das allein stehende weiße Haus, 1,5 km außerhalb der Stadt gelegen, bietet eine angenehme Unterkunftsmöglichkeit mit Blick auf den See. Die Küche serviert Leckerbissen aus der Lozère.
Villefort auf der D 906 in Richtung La Garde-Guérin verlassen; das Haus befindet sich linker Hand; Tel. 04 66 46 81 20, Fax 04 66 46 90 95; 10 Zimmer; Nov.– März geschl. ★★ EURO VISA

Camping La Pailhère
Am Ufer des gleichnamigen Flusses liegt der Platz in einer einmalig schönen Gegend.
5 km von Villefort entfernt, auf dem Weg zum Mont Lozère und zur Mas de la Barque; Tel. 04 66 46 80 63

Sehenswertes

Schloss Castanet
Im Schloss am Lac de Villefort, einem Stausee, kann man eine Ausstellung zur Geschichte der Fotografie besuchen.
Eintritt 4 €

Ville d'Art, »Stadt der Kunst«, darf sich Montpellier offiziell nennen. Wer nicht das erstbeste Parkhaus ansteuert, ist im Straßengewirr verloren und kommt erst im Nationalpark zu sich.

Montpellier ■ C10/C11, S. 116

288 000 Einwohner
Stadtplan → S. 47

Keine Römerspuren, an denen andere Orte im Languedoc-Roussillon doch so reich sind. Also kein Grund, die Hauptstadt der Region zu besuchen? Das nur 1000 Jahre alte Montpellier bietet andere Qualitäten. Sie lassen Großstädter von einer Wohnung im Süden träumen, ziehen 60 000 Studenten an – die mehr als ein Viertel der Einwohner ausmachen! – und veranlassen Südfrankreich-Urlauber, immer wiederzukehren. Keine Stadt im Süden verändert sich so rasant, keine in Frankreich hat eine so große Fußgängerzone, keine so interessante Sozialwohnungen, zu denen die Besucherscharen hinströmen, und nirgends im weiten Umkreis gibt es so viel Musik und Theater, so viel sicht- und hörbares Leben. Zu weit zum Laufen? Wer lieber fahren möchte, nimmt den **Petitbus**, einen Minibus, der alle fünf Minuten durch das alte Zentrum fährt.

Ein Bischof ließ im Jahre 819 auf dem Berg **Montiperet** eine Kirche bauen. Um sie herum entstand eine kleine Siedlung, nicht allzu weit von der römischen Schnellstraße Via Domitia entfernt. Im 10. Jahrhundert ließ sich Wilhelm I. auf dem Nachbarhügel nieder. Man vertrug sich, und die Siedlungen näherten sich einander an. 1289 gestattete der Papst die Gründung einer **Universität**, deren medizinische, philosophische und juristische Fakultäten noch immer einen guten Namen haben.

Über die Jahrhunderte ging es wirtschaftlich mal auf, mal ab, mal mit Tuch- und Lederhandel, dann mit Wein. Die Probleme der Neuzeit begannen 1962 mit dem Ende des Algerienkrieges, als mehr als 25 000 Algerienfranzosen und Algerier nach Montpellier zogen. Montpellier wurde 1964 zur regionalen Hauptstadt. Damit kam Geld zur Erweiterung der Verwaltungsgebäude, zum Bau einer Trabantenstadt für 30 000 Menschen, zur Erweiterung der Universität und für ein großes Einkaufszentrum in der Mitte der Stadt. IBM errichtete hier ein Zweigwerk, und andere Hightech-Unternehmen folgten. Aus den neu entstandenen Bettenburgen am Strand kamen die Touristen in die Geschäfte und Boutiquen der Altstadt und ließen hier ihr Geld. Montpellier ging es gut. Die Einwohner wählten den linken Juraprofessor Frêche zu ihrem Bürgermeister, und jeder verfolgte Montpelliers Entwicklung ab jetzt mit großen Augen: Die Altstadt wurde saniert. In bester Innenstadtlage entstand mit **Antigone** auf dem Gelände einer ehemaligen Kaserne ein einzigartiges Wohnbauprojekt. Hinter Säulen und Kapitellen verstecken sich Sozialwohnungen. Mit **Le Corum** entstand ein modernes Kongresszentrum. Euromédicine ist ein biomedizinischer Industriekomplex und Agropolis eine agrartechnologische Untersuchungsanstalt von Weltruf. Nun wächst Montpellier dem Meer entgegen. Im Jahr 2000 schon wollte man Hafenstadt sein. **Port Marianne** ist als Wasserstadt für 50 000 Menschen geplant.

Hotels/andere Unterkünfte

Les Arceaux westlich ■ a 2
Hübsches Haus im Garten mit familiärer Atmosphäre, komfortabel.
33–35, bd. des Arceaux; Tel. 04 67 92 03 03, Fax 04 67 92 05 09; 18 Zimmer ★★
AmEx EURO VISA

Les Fauvettes nördlich ■ a 1
Ein kleines Haus in einer stillen Straße. Mit seinen einfachen Zimmern ist es das wohl billigste Hotel der Stadt.
8, rue Bonnard (hinter dem Jardin des Plantes); Tel. 04 67 63 17 60; 19 Zimmer; letzte Dez.- und letzte Juliwoche geschl. ★

Floride südöstlich ■ e 3
In einer ruhigen Straße, nahe dem Quartier Antigone gelegen.
1, rue François-Perrier; Tel. 04 67 65 73 30, Fax 04 67 22 10 83; 26 Zimmer
★ EURO VISA

La Maison Blanche nordöstlich ■ f 3
In dem in einem kleinen Park unter uralten Bäumen mit kleinem Schwimmbad gelegenen Hotel steigen auch viele Künstler ab, die Montpellier besuchen.
Ecke Av. de la Pompignane/ 46, rue de Salaison; Tel. 04 99 58 20 70, Fax 04 67 79 53 39; 38 Zimmer ★★★
AmEx DINERS EURO VISA

Du Palais ■ b 2
Nur fünf Minuten vom Zentrum entfernt in der Fußgängerzone liegt das schöne, mit hellen Zimmern und kopierten Antiquitäten ausgestattete Haus.
3, rue du Palais; Tel. 04 67 60 47 38, Fax 04 67 60 40 23; 26 Zimmer ★★
AmEx EURO VISA

Ulysse nordöstlich ■ f 1
Eine gute Adresse in einem ruhigen Viertel. Zudem handelt es sich hier um ein wirklich südliches Haus, modern und stilvoll, mit individuell gestalteten Zimmern. Man kann hier auch kostenlos parken.
338, av. de Saint-Maur; Tel. 04 67 02 02 30, Fax 04 67 02 16 50; 25 Zimmer ★★
AmEx EURO VISA

Spaziergang

Durch das alte Montpellier zu spazieren ist das reinste Vergnügen, auch wenn die schönen Stadtpaläste »nur« aus dem 17. und 18. Jh. stammen. Oft muss man nur die Fassaden hinaufgucken, um etwas Schönes und Interessantes zu entdecken. Beginnen wir an der **Place de la Comédie**, »l'œuf«, **das Ei**, so genannt wegen ihres eiförmigen Grundrisses und lebendigster Punkt der Stadt. Hier, wo sich alles trifft, kann man sitzen und gucken und zuhören. Der Platz ist Laufsteg und Ruhepunkt zugleich mit Kunst und Kitsch und Straßenclowns, Cafés und Restaurants und außerdem von bemerkenswerten Bauwerken umstanden, wie der **Oper** aus dem Jahr 1888 und dem **Brunnen mit den drei Grazien** von 1776.

Am Nordende des Platzes geht es entweder nach rechts in die Einkaufspassagen des **Triangle** und **Polygone** oder nach links zur **Esplanade Charles de Gaulle**. Linker Hand der Promenade mit ihren Platanen und Wasserspielen, am **Boulevard Sarrail**, liegt das **Musée Fabre**. Am Ende der Esplanade trifft man auf das Kongresszentrum **Le Corum**, in dem sich zugleich das neue Opernpalais mit 2000 Plätzen befindet. Im Sommer kann man es samstags und sonntags betreten, ansonsten nur am Samstagnachmittag. Wer **Polygone** durchschreitet, betritt schon das Montpellier des Jahres 2000: **Antigo-**

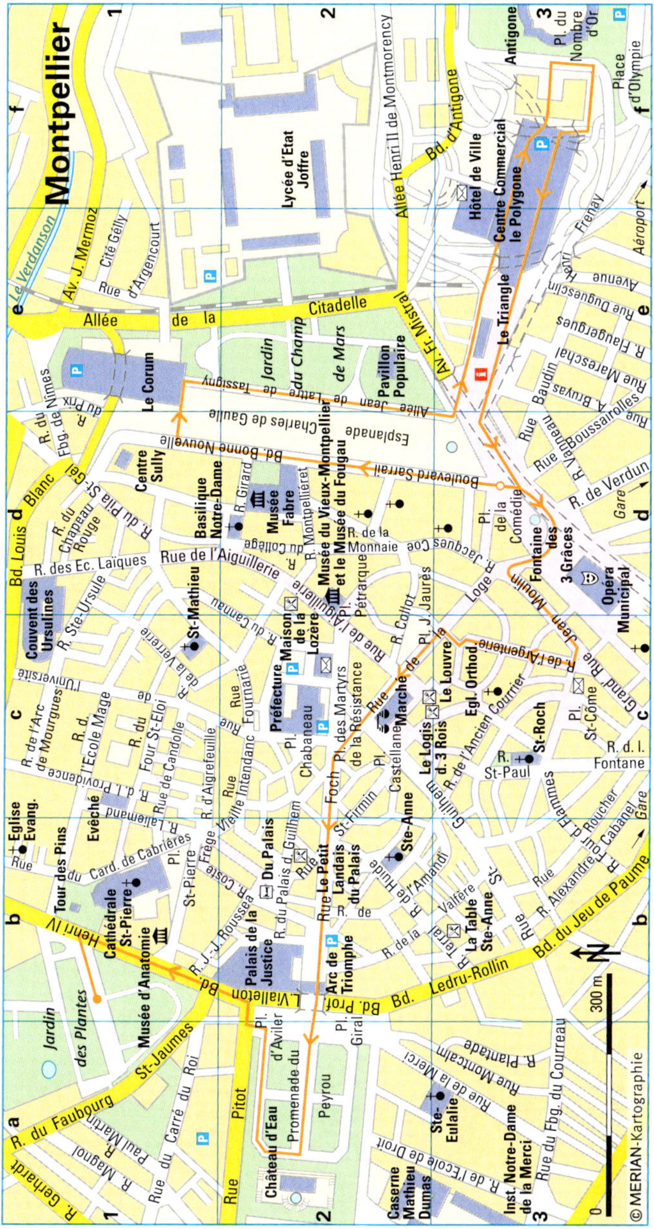
Montpellier
Le Verdanson
Av. J. Mermoz
Cité Gelly
Rue d'Argencourt
Allée de la Citadelle
Lycée d'Etat Joffre
Allée Henri II de Montmorency
Bd. d'Antigone
Antigone
Pl. du Nombre d'Or
Place d'Olympie
Hôtel de Ville
Centre Commercial le Polygone
Le Triangle
Le Corum
Jardin du Champ de Mars
Pavillon Populaire
Av. Fr. Mistral
Allée Jean de Lattre de Tassigny
Esplanade Charles de Gaulle
Bd. Bonne Nouvelle
Boulevard Sarrail
Pl. de la Comédie
Fontaine des 3 Grâces
Opéra Municipal
Musée Fabre
Musée du Vieux-Montpellier et le Musée du Fougau
Basilique Notre-Dame
Centre Sully
Bd. Louis Blanc
Rue de l'Aiguillerie
Couvent des Ursulines
St-Mathieu
Préfecture
Maison de la Lozère
Pl. Chabaneau
Rue Foch
Marché de la Rue Castellane
Le Louvre
Egl. Orthod.
Le Logis d. 3 Rois
St-Roch
Pl. St-Côme
Grand' Rue Jean Moulin
Ste-Anne
La Table Ste-Anne
Palais de la Justice
Du Palais
Le Petit Landais du Palais
Arc de Triomphe
Cathédrale St-Pierre
Musée d'Anatomie
Tour des Pins
Evêché
Eglise Evang.
Jardin des Plantes
R. du Faubourg St-Jaumes
Bd. Henri IV
Bd. Prof. L. Vallelon
Bd. Ledru-Rollin
Bd. du Jeu de Paume
Château d'Eau
Promenade du Peyrou
Pl. Giral
Ste-Eulalie
Caserne Mathieu Dumas
Inst. Notre-Dame de la Merci
Rue du Fbg. du Courreau
Aéroport
Gare
300 m
© MERIAN-Kartographie

ne. Über die **Rue de la Loge** (beachten Sie die Tür von Nr. 20!) kommt man zur **Place Jean-Jaurès**, wenn man sich nicht vorher von zahlreichen Düften ablenken lässt und in den kleinen Geschäften in der **Grand' Rue Jean Moulin** oder der **Rue de l'Argenterie** (Nr. 3, 8, 10 und 20 lohnen einen Blick auf bemerkenswerte Fassaden) herumschlendert. Der Platz selbst ist ein beliebter Studententreffpunkt.

Mit der **Rue Foch** erst hat man das alte Stadtzentrum erreicht. Ebenbild der Champs-Elysées mit der **Préfecture** und dem **Palais de la Justice** am anderen Ende vor dem Triumphbogen sollte sie werden, was jedoch nicht ganz gelungen ist. Die anschließende spätbarocke **Promenade du Peyrou** führt zum **Château d'Eau**. Von hier aus kann man über eine alte Wasserleitung hinweg, die dem Pont du Gard ähnelt, bis auf die Cevennen blicken. Der nördlich liegende **Jardin des Plantes** wurde 1593 als erster botanischer Garten Frankreichs zum Studium von Heilpflanzen angelegt. Mittags von 12–14 Uhr ist er geschlossen.

Einen informativen zweistündigen Rundgang durch das historische Montpellier bietet das Office du Tourisme jeden Mittwoch und Sonnabend um 15 Uhr an. Treffpunkt ist das Büro an der Place de la Comédie.

Sehenswertes

Antigone ■ f 3

Auf einer Strecke, die mit 1800 m genauso lang ist wie die Pariser Champs-Élysées, hat der katalanische Architekt Ricardo Bofill in unterschiedlichen Stilrichtungen Sozialwohnungen, Büros und Geschäftshäuser geplant. Als Vorbilder dienten ihm ganz offensichtlich Griechen und Römer (sowie die Comics von Bilal, behaupten Franzosen), was dem Ensemble etwas Theatralisches verleiht. Das zu Beginn umstrittene urbane Experiment wird mittlerweile mehr und mehr geschätzt.

Esplanade Charles de Gaulle ■ d 3/e 1

Im 17. Jh. angelegt, aber nie so schön wie heute mit den vielen Schatten spendenden Bäumen und dem Wasser, in dem man seine Füße baumeln lassen kann.

Promenade du Peyrou ■ a 2

Am höchsten Punkt der Stadt wurde diese Promenade von Charles d'Aviler 1688 angelegt. Auf dem Wasserreservoir steht ein kleiner eleganter Säulentempel aus dem 18. Jh. Der Aquädukt St-Clément leitete das Wasser von der Lez-Quelle über das Tal in die Stadt.

Rue de l'Ancien-Courrier ■ c 3

Einer Post hat diese Straße ihren Namen zu verdanken. Besonders hübsch sind auch einige der luxuriösen Läden, die sie säumen. Ihren eigentlichen Charme jedoch machen die Gewölbe aus, die früher als Speicher und Ställe dienten und in denen heute Restaurants und Geschäfte untergebracht sind.

Museen

Musée d'Anatomie ■ b 1

Faszinierend für Studenten der Medizin und alle, die ein Faible für Morbides haben und gerne konservierte kranke Körperteile in alten Glasvitrinen und aus Wachs modellierte Gliedmaßen bestaunen.
2, rue de l'Ecole-de-Médecine;
Mo–Fr 14–17 Uhr

Postmodern und heftig umstritten ist das östlich der Altstadt gelegene Wohn- und Büroviertel Antigone.

BRASSERIE LE PIAZZA
RESTAURANT
Café

Musée Fabre ■ d 2
In einer ehemaligen Jesuiten-Schule ist eines der bedeutendsten Kunstmuseen Frankreichs mit zahlreichen Werken von Courbet, Delacroix, Dufy, Ingres und Matisse untergebracht. Am meisten hat man davon, wenn man ins sechste Stockwerk hinauffährt und dann durch Etagen und Jahrhunderte nach unten wandert.
13, rue Montpellieret; Di–So 9–17.30, Wochenende bis 17 Uhr; Eintritt 5 €

Musée du Vieux-Montpellier et le Musée du Fougau ■ d 2
Ein Stück Stadtgeschichte kann man hier anhand eines Stadtplans von 1771, Möbeln aus der Epoche sowie Prozessionsutensilien erforschen.
Di–Sa 9.30–12, 13.30–17 Uhr; oben ist das **Musée du Fougau** mit einer Sammlung aus traditionellen Gewändern, alten Nähmaschinen und regionaler Kunst untergebracht; Place Pétrarque, L'Hôtel de Varenne; Mi und Do 15–18.30 Uhr; Eintritt frei

Essen und Trinken

L'Epicurien ■ b 1
Der kleine Hof ist im Sommer immer voll besetzt. Neben verschiedenen Salaten werden traditionelle günstige Gerichte serviert. Das Restaurant ist beliebt bei Professoren und Studenten.
24, rue du Cardinal-de-Cabrières
So geschl. ★

Le Logis des Trois Rois ■ c 2/c 3
In den wunderschönen Gewölben grillt das Personal hier vor den Augen der Gäste seit 20 Jahren hervorragende Koteletts und Lammkeulen.
12, rue des Trésoriers-de-la-Bourse; Tel. 04 67 60 63 86; So, Mo und im Aug. geschl. ★★ EURO VISA

Le Louvre ■ c 2/c 3
Sehr kleines und sehr feines Restaurant, weshalb man ohne Tischreservierung keine Chance hat! Statt besonderen Spezialitäten wird mit guten, frischen Produkten nach traditionellen Rezepten raffiniert und fein gekocht. Die Desserts sind der reinste Augenschmaus.
2, rue de la Vieille; Tel. 04 67 60 59 37; Sa und Mo mittags und So geschl.
★★★ AmEx EURO VISA

Maison de la Lozère M ■ d 2
Hier hört man die Wölfe heulen und die Pilze wachsen. Warum und wie, wird nicht verraten. Die Küche ist so gut und das Lokal so gut besucht, dass sich Vorbestellung empfiehlt. Im Gewölbesaal im Untergeschoss wird ein hervorragendes und reichhaltiges Mittagsmenü serviert. Abends fühlt man sich als Gast vollends verwöhnt. Mancher findet hier sogar das lang gesuchte Mitbringsel.
27, rue de l'Aiguillerie; Tel. 04 67 66 36 10; So, Mo und im Aug. geschl. ★★
AmEx DINERS EURO VISA

Le Petit Landais du Palais M ■ b 2
In einer alten Kapelle aus dem 13. Jh. werden schmackhafte, sehr günstige Gerichte serviert. Abends speist man bei Kerzenlicht.
14, rue du Palais; Sa und So mittags, außerhalb der Saison auch Mo geschl. ★

La Table Sainte-Anne ■ b 3
Einfache, gute Gerichte, kleine Speisekarte und günstige Mittagsgerichte.
20, rue Terral ★

Einkaufen

Die schönsten Geschäfte findet man in der **Rue de la Loge**, der **Grand' Rue Jean Moulin** und der **Rue de l'Argenterie**. Wer nachrechnet, stellt schnell fest, dass Kleidung günstiger und Lebensmittel teurer sind als zu Hause.

Am Abend

Die Abendcafés schließen in Montpellier um 1 Uhr. Danach geht es in die **boîte**, die Disco. Die meisten Discos liegen an der Straße nach Palavas (»Le Bal«) und nach Carnon (»La Nuit«, »Lou Souleil Galeries«).

Le Fut südwestlich ■ a 2
Weit von der Innenstadt entfernt, aber »in« bei einheimischen und fremden Nachtvögeln. Große Bierauswahl und gute Musik.
81, av. de Toulouse; tgl. bis 1 Uhr

Mimi-la-Sardine MM
südwestlich ■ a 2
In einer alten Keksfabrik treten regelmäßig die unterschiedlichsten Gruppen auf. Die Bar, die mit Sesseln aus Kunstleder eingerichtet ist, hat die Form einer Sardine. An zwei Billardtischen kann man Snooker spielen. Gute Atmosphäre, gute Musik.
690, chemin des Canquilloux;
Do–So 19–1 Uhr

Le Puits du Temple ■ c 3
Ewige Flower-Power-Typen mischen sich mit den Jungen, die auch gern so wären. Freitag und Sonnabend treten von 19 bis 22 Uhr Sänger auf.
17, rue des Sœurs-Noires; tgl. bis 1 Uhr

Rockstore südlich ■ d 3
In Montpelliers Rocktempel treffen sich die Jugendlichen zum Bier, Musikhören und Tanzen. Mehrmals unter der Woche finden Konzerte statt, manchmal kostenlos.
20, rue de Verdun; tgl. bis 4 Uhr,
Sa, So bis 6 Uhr

Service

Auskunft

Office du Tourisme de la Région de Montpellier ■ e 3
30, allée J. de Lattre de Tassigny;
Tel. 04 67 60 60 60

Comité Régional du Tourisme du Languedoc-Roussillon südöstlich ■ c 3
20, rue de la République; Tel. 04 67 22 81 00

Taxi
Place de la Comédie ■ d 3
Bahnhof; südlich ■ d 3
Tel. 04 67 58 10 10 (24-Stunden-Dienst)

Ziele in der Umgebung

Agde ■ A 12, S. 116

17 500 Einwohner

Agathé, die Schöne, nannten die Griechen den Ort, der vom Vulkangestein von vor Millionen Jahren dunkel ist. Im Sommer bevölkern Millionen von Touristen die sieben breiten, feinsandigen Strände von **Cap d'Agde**. Auch viele Deutsche zieht es jedes Jahr hierher. Dann sind Yachthafen, Golf- und Tennisplätze sowie die künstlichen Inseln und Kinos, Nachtbars und Diskotheken besetzt, und auch im Gassenlabyrinth der hübschen kleinen Stadt ist einiges los. Von der Terrasse des **Corum**, Esplanade Charles-de-Gaulle, genießt man bis 22 Uhr den Blick über die Dächer der Stadt.

Service

Auskunft

Office du tourisme
Rd-pt du Bon-Accueil, 34300 Agde;
Tel. 04 67 01 04 04; www.capdagde.com

Béziers ■ F 7/F 8, S. 115

78 000 Einwohner

Beschaulich schöne Ecken sind in der ruhigen, von Wein umrankten Stadt zu finden. Bereits seit dem 1. Jh. unserer Zeitrechnung exportierte man von hier aus Wein über die Via Domitia in Richtung Rom. Im Mittelalter zerstörten Kreuzritter große Teile der

Stadt, da das liberale Béziers sich weigerte, die Katharer auszuliefern. Aber bald wurde Béziers dank seines Weins wieder wohlhabend, und am Ende des 19. Jh. war es die reichste Stadt im Languedoc. Die bedeutende **Weinstadt** zieht auch durch andere Attraktionen, wie Stierkämpfe und Rugby, Jahr für Jahr jede Menge Besucher an.

Der Charme der Stadt erschließt sich erst, wenn man sich schon fast mittendrin befindet und die **Cathédrale Saint-Nazaire** oberhalb der Pont de l'Orb postkartenschön vor einem liegt. Endlos, schön und schattig die **Allées Paul Riquet**, das eigentliche Stadtzentrum. Freitags wird aus Béziers ein riesiger Floh-, Blumen-, Kleider- und Gemüsemarkt.

Hotels

Le Champ de Mars

In einer ruhigen Straße in der Nähe der Place du 14-Juillet steht das kleine Haus mit Garten.

17, rue de Metz; Tel. 04 67 28 35 53;
10 Zimmer ★

Grand Hôtel du Nord

Die teuersten Zimmer erlauben die schönsten Ausblicke über die Dächer der Stadt und die Kirche Saint-Jacques.

15, place Jean-Jaurès; Tel. 04 67 28 34 09,
Fax 04 67 49 00 37; 40 Zimmer ★★★
AmEx EURO VISA

Sehenswertes

Les Halles M

In der sehr schön restaurierten Halle ist an jedem Vormittag Markt. Für viele gilt er als einer der besten in der Region.

Place P. Semard; Mo geschl.

Saint-Nazaire

Von der romanischen Kirche aus dem Jahre 1209 ließen die Kreuzzügler lediglich Krypta und Kapitelle im östlichen Langhaus stehen. Im 15. Jh. entstand schließlich der gotische Bau. Durch den Portalvorbau auf der rechten Seite kann man das Kloster betreten und dem kleinen Museum mit Grabsteinen und Sarkophagen einen Besuch abstatten. Eine Treppe führt hinunter in den Bischofsgarten. Von hier aus hat man einen bezaubernden Ausblick auf die Stadt.

Place de la Révolution; tgl. 9–18 Uhr

Museen

Mit einer Eintrittskarte für 4 € kann man alle Museen der Stadt besuchen.

Musée des Beaux-Arts

Über drei Etagen hinweg erstreckt sich eine erlesene Gemäldesammlung mit Bildern von Delacroix, Utrillo, Chirico und anderen.

Hôtel Fabrégat, Place de la Révolution;
Di–Sa 9–12 und 14–18, So 14–18 Uhr

Musée Saint-Jacques

Ein beachtliches archäologisches und ethnologisches Museum entstand in den Räumen einer ehemaligen Kaserne.

Rampe du 96, Caserne Saint-Jacques;
Ostern bis Allerheiligen tgl. 10–19,
im Winter 9–12 und 14–18 Uhr

Essen und Trinken

Le Caveau des Halles

Klein, sehr hübsch, die Zutaten kommen frisch aus der gegenüberliegenden Markthalle.

13, pl. Pierre-Semard; Tel. 04 67 28 47 87;
mittags und Do–Sa im Sommer auch abends geöffnet ★★ (keine Kreditkarten)

Cep d'Or

Die Küche ist gut. Versuchen sollte man einmal die Spezialität des Hauses, das »Menu aïoli«.

7, rue Veiennet; Tel. 04 67 49 28 09 ★★

Oben: Die zentral gelegene Place de la Comédie in Montpellier ist ein gutes Pflaster für Straßenmusikanten (→ S. 46).

Mitte: Blick auf Béziers und den Pont de l'Orb. Die Kathedrale Saint-Nazaire überragt die alte Stadt (→ S. 52).

Unten: Wasserkraft hat den eindrucksvollen Cirque de Navacelles geschaffen (→ S. 54).

Service

Auskunft

Office du Tourisme
29, av. St-Saëns, 34500 Béziers;
Tel. 04 67 76 47 00

Celles

F 6, S. 115

Alle Häuser sind unbewohnt, und der ganze Ort ist aus Schutz vor Vandalismus umzäunt. Vor 20 Jahren siedelte die Regierung die Bewohner von Celles um, um für den Stausee **Lac du Salagou** Platz zu schaffen. Letztlich stellte sich die Umsiedlung als sinnloses Unternehmen heraus, da kein Wassertropfen des Sees die Ortschaft erreichte. Heute dient das auf so kuriose Art zur Geisterstadt gewordene Celles gelegentlich als Filmkulisse.

Beliebt ist der See heute allerdings für das Wochenendpicknick. Zelte stehen am Ufer, und Kinder lernen unter elterlicher Anleitung Schwimmen. Für kleine Boote ist genug Platz vorhanden.

Cirque de Navacelles

A 9, S. 116

Radfahrer, Motorradfahrer, Wanderer und Autofahrer stehen und sitzen auf dem Mäuerchen und starren ins Tal hinunter: Ganz unten, am Rand eines
1 Kalkplateaus, hat ein kleiner Fluss namens **Vis** einen 400 m tiefen Talkessel in den Kalk gefräst. In der Flussschleife liegt das Dorf Navacelles. Wie Spielzeugautos sehen von hier oben die Wagen aus, in die kleine Menschen steigen. Ganz langsam winden sie sich die Serpentinen hinauf zu den Neugierigen an und auf der Mauer. Hinunter kann man auch die Wanderroute nehmen. Für die 16 km muss man allerdings mit sieben Stunden Wegzeit rechnen!

Garrigues

C 10/E 9, S. 116/117

Die Garrigue ist eine Strauchheidelandschaft, die sich nördlich von Montpellier bis zu den Cevennen erstreckt. Auf langen ausgeschilderten Wegen kann man die Gegend, die sämtliche Vorstellungen von einer Heidelandschaft übersteigt, durchwandern. Steineichen wachsen hier sowie kniehoher Rosmarin und Thymian und Dornenbüsche. Schon im späten Frühjahr, wenn die Sonne auf das karge Land brennt, singen die Zikaden unermüdlich für die Spaziergänger.

La Grande-Motte

D 11, S. 117

6450 Einwohner

Als futuristisches Experiment umstritten, beargwöhnt und gleichermaßen geliebt wurde die Pyramidensammlung des Avantgarde-Architekten Jean Balladur, als sie Mitte der 60er Jahre in den südfranzösischen Sand gesetzt wurde, um die Urlauberströme nach Spanien zu bremsen und im eigenen Land zu halten. Zwei Monate lang im Jahr tobt das Leben in der künstlichen Gemeinde. Wenn danach allerdings Kinderanimationen, Freilufttheater, Diskotheken, Nachtklubs, Restaurants, Golf- und Tennisplätze wieder verwaist sind, bleibt nur eine »grande motte« übrig, ein großer Steinhaufen mit Thalasso-Therapie.

Service

Auskunft

Syndicat d'Initiative
Place de la Mairie, 34280 La Grande-Motte; Tel. 04 67 56 42 00

Lac du Salagou ■ F 6, S. 115

Rote Erde um den blauen See: Das künstlich angelegte Gewässer füllt den Krater eines erloschenen **Vulkans**. Noch 255 Millionen Jahre später verleihen die Folgen des letzten Ausbruchs der Landschaft ihre Färbung. Eine beliebte Kulisse für Wochenendangler und -segler.

Lamalou-les-Bains ■ E 6, S. 115

2150 Einwohner

Lebhaft geht es in dem Thermalbad zu, das in einer Gegend errichtet wurde, die an künstlich geschaffenen Attraktionen arm ist. Hier kurierten schon André Gide und Alphonse Daudet, Alexandre Dumas und der Sultan von Marokko ihre Gelenkleiden. Das Bad ist ganz im Stil der Belle Epoque gehalten. Einmal im Jahr wird hier ein Operettenfestival veranstaltet. Außerdem hat man verschiedene Möglichkeiten, sich zu unterhalten, sei es im Kino oder in einem der vielen Cafés und Restaurants.

Service

Auskunft

Office du Tourisme
2, av. du Docteur-Ménard, 34240 Lamalou-les-Bains; Tel. 04 67 95 70 91

Parc Régional du Haut Languedoc ■ A 8/E 6, S. 114/115

Seit 1973 gibt es den **Regionalpark**, der sich auf 145 000 ha über zwei Départements, **Hérault** und **Tarn**, erstreckt. Tiefe Täler zerschneiden die Berge, in denen man eine Vielzahl an Wandermöglichkeiten hat. Schöne Aussichtspunkte und Gelegenheiten zum Kanu- oder Kajakfahren machen das Gebiet zum attraktiven Ferienziel.

Pézenas ■ A 11, S. 116

7600 Einwohner

Wegen seiner fürstlichen Feste wurde der Ort einst »Versailles du Languedoc« genannt. Unter Ludwig XI. im 13. Jh. schon königliche Stadt und von da an in wechselndem füstlichen Besitz, hat sich der Ort ein reichhaltiges Kulturerbe bewahrt. Ein ausgeschilderter Rundgang beginnt am Fremdenverkehrsbüro auf der Place Gambetta und führt an den schönen Fassaden aus einer reichen Zeit vorbei.

Saint-Guilhem-le-Désert ■ A 10, S. 116

230 Einwohner

Schon wieder ein Bilderbuchdorf, das auch im Mittelalter die Massen anzog. Das ist heute nicht anders. Auf seinem Rückweg von Rom um das Jahr 800 herum ließ Wilhelm der Kurznasige das Kloster auf der Anhöhe errichten. Nach seinem Tod wurde er hier auch begraben, doch sein Sarkophag verschwand während der Religionskriege. Kostbare Reliquien im Inneren des Klosters machten das Dorf zu einem Wallfahrtsort für Jakobspilger auf dem Weg nach Spanien und zum Weltkulturerbe.

Sète ■ B 11/B 12, S. 116

66 000 Einwohner

Kanäle durchziehen das Hafenstädtchen, und Wohlwollende bezeichneten es sogar als das Venedig des Languedoc. Das ist zweifellos übertrieben, denn der älteste **Fischereihafen** an der Küste (seit 1666) ist vor allem von Industrie, Lärm und Beton geprägt. Auch die Strände lassen zu wünschen übrig. Doch bietet der Ort eine gute Ausgangsbasis für Ausflüge in alle Richtungen. Und abends, wenn sich die hell erleuchteten Restaurants im Wasser spiegeln und die Stadt nach Fisch und Knoblauch duftet, gewinnt sie den Charme zurück, den die berühmten Söhne der Stadt, **Georges Brassens** und **Paul Valéry**, besungen haben.

Hotels/andere Unterkünfte

Grand Hôtel

6 Das um 1860 erbaute Hotel hat seinen bourgeoisen Charme ganz und gar erhalten. Um einen wunderschönen Patio gruppieren sich stilecht möblierte Zimmer. Der Service ist exzellent.
17, quai de-Lattre-de-Tassigny;
Tel. 04 67 74 71 77, Fax 04 67 74 29 27;
45 Zimmer; während der Saison ★★★
AmEx DINERS EURO VISA

Les Sables d'Or

Man sollte angesichts der Lage an der Corniche ein Zimmer zum Hof hinaus buchen.
Place d'Edouard-Herriot; Tel. 04 67 53 09 98;
30 Zimmer ★★ AmEx EURO VISA

! MERIAN-Tipp

Cirque de Mourèze Etwa 8 km von Clermont-l'Hérault entfernt, an der D 908, verschmilzt das alte Dorf Mourèze zusammen mit enormen Steingiganten zu einer bizarren Felslandschaft. Auf sechs oder sieben Kilometern lösen riesige Steinformationen einander ab. Felsige Dämonen ragen aus der Erde auf. Mit festen Schuhen kann man sich die Urlandschaft gut erwandern. ■ F 6, S. 115

Sehenswertes

Espace Georges Brassens

Seit 1991 kann man sich hier mit dem Leben und Wirken des anarchistischen Barden vertraut machen. Das Grab Brassens' befindet sich auf dem nahe gelegenen Cimetière Le Py.
67, bd. Camille-Blanc; Juni–Sept. tgl. 10–12 und 14–18 Uhr, sonst Mo geschl.

Mont Saint-Clair

Von dem nur 182 m hohen Berg aus hat man einen wunderschönen Blick über die Stadt, **étangs** und Strände. Richtung Béziers, dann den Schildern nach rechts folgen.

Essen und Trinken

Le Buffalo Grill

Das Restaurant hat gerade mal ein gutes Dutzend Tische. Da es weit und breit kein besseres Fleisch geben soll, ist Reservierung empfohlen.
12, Grande Rue; Tel. 04 67 74 76 99;
nur abends, bis 3 Uhr ★★

La Panne

Auf dem am Ende der Môle Saint-Louis liegenden Schiff kann man vorzüglich Fisch essen, dazu einen weißen Corbières trinken und manchmal auch Chansons lauschen.
Môle Saint-Louis; Tel. 04 67 74 49 50;
März–Ende Okt. tgl., sonst So und Mo abends geschl. ★★

Service

Auskunft

Office du Tourisme

60, Grand-Rue-Mario-Roustan, 34200 Sète;
Tel. 04 67 74 71 71, Fax 04 67 46 17 54;
www.sete.org

Frische Austern und reizvolle Seen liegen vor der Tür, man kann mit dem Hausboot kommen und sich dann auf die Suche nach den verbliebenen Römerspuren machen.

Narbonne

E 8, S. 115

46 500 Einwohner
Stadtplan → S. 59

Die Stadt hat schon bessere Zeiten gesehen. Heute ist sie zwar die an Einwohnerzahl größte des verhältnismäßig armen Départements **Aude**, doch von der prunkvollen Hauptstadt der römischen Provinz **Gallia Narbonensis** blieben nur Trümmer erhalten. Araber und Burgunder, Westgoten und Karolinger bemächtigten sich nacheinander der Hafenstadt, nachdem die Römer sie verlassen hatten. Der Hafen ist heute längst versandet. An ihn erinnert der hübsche Ort **Bages**. Am begrünten **Canal de la Robine**, der das Mittelmeer mit dem Canal du Midi verbindet und die Innenstadt durchquert, lagern die Hausboote der Flussreisenden und promenieren Einwohner wie Feriengäste. Die wenigen Sehenswürdigkeiten befinden sich am Nordufer. Vom **Place de l'Hôtel de Ville** gelangt man nördlich über die **Rue Droite** in die alten Viertel, die in besseren Zeiten auch Könige gesehen haben.

Hotels

La Dorade b 1
Schönes Haus im historischen Viertel über dem Kanal und 1648 als erste Herberge des Ortes gegründet. Zu seinen namhaften Besuchern gehör-

Erinnerungen an die römische Vergangenheit der Stadt findet man am Nordufer des Canal du Midi.

Hin und wieder stimmen die Klischees einfach: Monsieur mit Baguettes.

ten Louis Bonaparte (der Bruder Napoléons), Könige aus Spanien und Holland sowie einige Prinzen. Die Unterkunft ist entsprechend geräumig und komfortabel.
22, rue Jean-Jaurès; Tel. 04 68 32 65 95, Fax 04 68 65 81 62; 31 Zimmer ★★
AmEx VISA

Le Lion d'Or nordöstlich ■ c 1
Nett und normal, in Bahnhofsnähe. Erwähnenswerter ist das dazugehörige Restaurant **La Sommelière**, das zwar etwas altertümlich wirkt, aber mit einer Küche aufwartet, die selbst in einer höheren Preisklasse ihresgleichen sucht.
39, av. Pierre-Sémard; Tel. 04 68 32 06 92, Fax 04 68 65 51 13; 27 Zimmer; Okt.–März geschl. ★

Sehenswertes

Cathédrale Saint-Just ■ c 1/c 2
Kaum eine gotische Kathedrale Frankreichs ist höher als diese. Ähnliche stehen in Metz, Amiens und Beauvais. Mit den angrenzenden sakralen Bauwerken nimmt die Kirche fast ein ganzes Viertel ein. Im 13. Jh. begonnen, blieb sie, abgesehen vom **Kreuzgang**, unvollendet. Im 14. Jh. konzentrierte man sich auf den Ausbau der Befestigung. Mauern und Türme verfielen mit der Zeit, und das Geld zum Weiterbau ging aus. Im Inneren birgt die Kathedrale kostbare **Kapellenfenster** aus dem 14. Jh., eine weiße **Marmorstatue** aus dem 15. Jh. und ein bemaltes **Kardinalsgrab** aus dem 14. Jh.
Place de l'Hôtel de Ville

Horreum ■ c 1
Es bedarf einiger Fantasie, sich die engen, finsteren Kellergewölbe als wesentliches und erhaltenswertes römisches Relikt vorzustellen. Seine Bedeutung wurde erst in diesem Jahrhundert erkannt und ist noch nicht vollständig erforscht. Offensichtlich befand sich dies römische Vorratslager unterhalb eines großen Marktplatzes.
Tgl. 9.30–12.15 und 14–18 Uhr, Okt.–März 10–12, 14–17 Uhr, Mo geschl.

Palais des Archevêques ■ b 2/c 2
Ein Garten trennt die beiden Gebäude des Bischofspalastes, wovon das eine aus dem 12. Jh. stammt und das andere aus dem 14. Jh. Letzteres beherbergt das archäologische und das kunsthistorische Museum. Im ersteren werden vor- und frühgeschichtliche Funde und solche aus der Römerzeit gezeigt, darunter ein Meilenstein der Via Domitia. Neben Skulpturen und Keramik sind im kunsthistorischen Museum Gemälde aus dem 16. bis 20. Jh. ausgestellt.
Place de l'Hôtel de Ville; tgl. 9.30–12.30 und 15–19 Uhr, im Winter Mo geschl.

Essen und Trinken

Le Petit Comptoir ■ a 2/b 1
Beliebtes und gut besuchtes Restau-

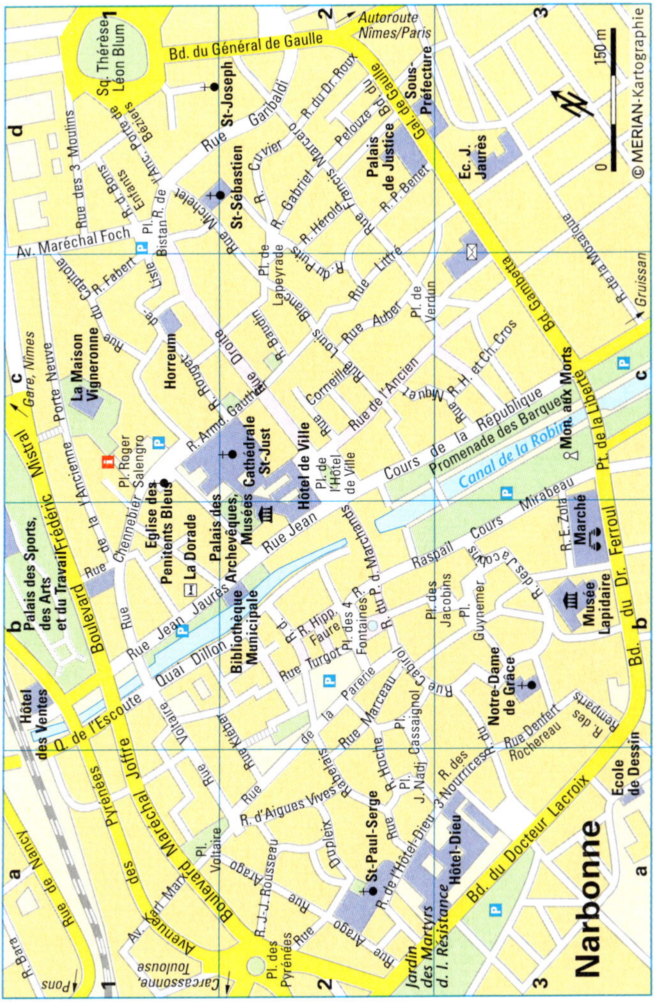

rant, dessen Wirt, der zugleich der Küche vorsteht, gern spontan entscheidet, was zubereitet wird. Das Menü wechselt jede Woche. Bis 22 Uhr wird serviert. Vorbestellung ist zu empfehlen.
4, bd. du Maréchal-Joffre; Tel. 68 42 30 35
★★

Service

Auskunft

Office du Tourisme ■ c 1
Place R. Salengro, 11100 Narbonne;
Tel. 04 68 65 15 60;
www.mairie-narbonne.fr

Ziele in der Umgebung

Abbaye de Fontfroide ■ E 13, S. 119

Eine der besterhaltenen Klosteranlagen im Süden Frankreichs. Seit 1908 befindet sich das im 10. Jh. von Zisterziensermönchen errichtete Bauwerk in Privatbesitz. Das Kloster mit dem wunderschönen Kreuzgang ist zugänglich, jedoch nur mit einer Führung zu besichtigen. Es liegt schön und 15 km südwestlich von Narbonne entfernt.
Juli/Aug. 9.30–18, Sept.–Juni 10–12, 14–16 Uhr

Bages ■ F 13, S. 119

2700 Einwohner

Der hübsche Ort, ein Geheimtipp für Feinschmecker, liegt oberhalb eines der schönsten Binnenseen an der Küste, dem **Etang de Bages**. Was an dem kleinen Fischereihafen angelandet wird, lässt sich in einem der hiesigen Restaurants ganz frisch verspeisen. Neben **La Table du Pêcheur** lockt noch das mit einer Gault-Millau-Kochmütze dekorierte Restaurant **Le Portane**l. Mit Blick auf den See lässt sich im hoch gelegenen Fischerhaus genießen, was der Patron erbeutet und die Frau stilvoll angerichtet hat.

Essen und Trinken

Le Portanel
Tischbestellung, besonders am Wochenende, dringend empfohlen.
Passage Portanel; Tel. 04 68 42 81 66;
So mittags geschl. ★★

La Table du Pêcheur
Sechs Austern pro Person, Muscheln und Schnecken, Krebse und Langusten bekommt man allein als Vorspeise serviert, wenn man in diesem Sammelsurium von Antiquitäten zum Essen Platz genommen hat. Auch Übernachtungsmöglichkeiten sind geboten. Reservierung ist ratsam.
Rue de l'Ancien Puit; Tel. 04 68 41 14 11;
3 Zimmer ★★★

Gruissan ■ F 13, S. 119

2200 Einwohner

10 km südlich von Narbonne-Plage mit seinem Sand und Wind sowie diversen Möglichkeiten zum Golfen, Tauchen, Angeln und Segeln liegt ein hübsches, in konzentrischen Kreisen gebautes Fischerdorf. Noch hat das Örtchen mit den über 1000 Stelzenhäuschen, die von rosafarbenen Flamingos auf den umliegenden **étangs** umringt werden, seine ursprüngliche Atmosphäre bewahrt. Allmählich macht sich jedoch neben den so genannten »Maisons sur pilotis« die supermoderne Marina, wie man hier die Vergnügungsindustrie am Meer nennt, wie ein Polyp vor den verblüfften Vögeln breit. Genannt wird das Ganze »Gruissan-Plage«. Es sei daran erinnert, dass »plage« nur Strand heißt.

Sehenswertes

Tour Barberousse
Vom Ortszentrum aus führt eine Treppe hinauf zur Ruine eines mittelalterlichen Schlosses. Von oben hat man einen wunderbaren Blick über die Binnenseen, die Corbières und das **Massif de Clape** sowie über den konzentrisch errichteten Ort.

Der 41 Meter hohe Innenraum der gotischen Cathédrale Saint-Just (→ S. 58).

Service

Auskunft

Syndicat d'Initiative
1, bd. du Pech-Meynaud, 11430 Gruissan;
Tel. 04 68 49 03 25

Minerve

■ D 8, S. 115

Helle Sonne blendet auf weißem Kalkstein, der die unendlichen Weinfelder im Minervois unterbricht. Die Dörfer tragen hier Doppelnamen. Dann, an der D 10, taucht wie in einem Bilderbuch das mittelalterliche Städtchen neben dem Flüsschen **Cesse** auf: Minerve. Kaum 100 Menschen leben hier, und bis ins Frühjahr hinein geht alles wie vor hunderten von Jahren seinen Gang. Weil sie sich weigerten, zum Katholizismus überzutreten, mussten die meisten Einwohner im 13. Jh. ihr Leben auf dem Scheiterhaufen lassen. Ludwig XIII. plante sogar, die Stadt zu schleifen. Doch die Bewohner widerstanden, und so blieb erhalten, was die Kreuzzüge übrig gelassen haben. Der Reiz des Ortes hat sich herumgesprochen. Im Sommer drängeln sich Touristen in den engen Gassen. Man parkt am Ortseingang auf einem schattenlosen Platz und muss dann zu Fuß gehen.

! MERIAN-Tipp

Musée Hurepel In einem der ältesten Häuser Minerves, in der Rue des Martyrs, ist die Geschichte der okzitanischen Katharer mit Tonfiguren szenisch dargestellt. Man sieht die Burgen, die man vielleicht schon besucht hat, die Schrecken der Kreuzzüge, in denen die Katholiken die Katharer verfolgten, und der letzte, Bélibaste, verliert sein Leben auf dem Scheiterhaufen. Der Begleittext (auch auf deutsch) ist so locker und verständlich, dass auch Kinder dieses Stück Geschichte neugierig und gespannt verfolgen.
Tgl. 11–19 Uhr, Eintritt 2 €

Essen und Trinken

Chantovent
Ein Restaurant in Traumlage: Mitten im Ort sitzt man hoch über der weiten Landschaft und genießt reichliche Portionen einer guten ländlichen Küche.
Tel. 04 68 91 14 18 ★★

Einkaufen

Muscat de Saint-Jean-de-Minervois ist eines der köstlichsten Produkte des Minervois. Man trinkt ihn gekühlt als Apéritif, zum Rocquefort oder zum Dessert.

La Réserve Africaine de Sigean

■ E 13/F 13, S. 119

Auf 200 ha Garrigue und **étangs** leben, nur wenige Kilometer von Narbonne entfernt, in ungewöhnlicher Freiheit mehr als 1200 Vögel, 300 Säugetier- und 150 Reptilienarten. Viele von ihnen sind vom Aussterben bedroht. Papageien aus Macao, indische Elefanten, somalische Wildesel, weiße Rhinozerosse, Tibet-Bären und griechische Schildkröten ziehen durch das afrikanisch anmutende Gebiet. Zum Schutz der Besucher, die das Gelände nur im Fahrzeug durchqueren dürfen, sind Löwen, Bären und Rhinozerosse hinter Gittern untergebracht.

Strandmüde Kinder können Pelikane und Flamingos hier ganz aus der Nähe betrachten.
Tgl. 9–19 Uhr; Eintritt 15 €

Uralt und doch fortschrittlich, quicklebendig am Tag, verlassen am späten Abend – die Hauptstadt des Départements Gard lebt in und mit diesen Widersprüchen.

Nîmes

E 9, S. 117

133 000 Einwohner
Stadtplan → Klappe hinten

Meer und Berge sind von Nîmes nicht weit. Davor erstreckt sich die thymianduftende Garrigue. Natürlich gedeihen auch Obst, Gemüse und Wein auf dem ansonsten trockenen Land, weil schon die Römer ihre frühzeitliche Metropole **Nemausus** mit Wasser aus den Bergen zu versorgen wussten.

Um die Sommerhitze in der Stadt besser zu ertragen, bietet sich eines der vielen Cafés als Rastplatz an, sei es auf den Boulevards, den autofreien Plätzen der Altstadt oder im **Jardin de la Fontaine** unter Schatten spendenden Bäumen.

Kupferne Medaillons sind in das Straßenpflaster eingelassen, die ein Krokodil, an eine Palme geleint, zeigen. Eine Erinnerung an frühe Afrikakontakte. Nach **Nemausus** nämlich wurden die ägyptischen Gefangenen deportiert. Später ließen sich hier die Legionäre des Afrikafeldzuges nieder.

Das »Rom Frankreichs« lebt zu einem Teil von der Antike, mit vielen gut erhaltenen Zeugen einer zumindest architektonisch glanzvollen Vergangenheit. Einen Riesenschritt in die Zukunft dagegen wagte

Zeugnis der früheren Verbindung zwischen Nîmes und Afrika: der Krokodilbrunnen.

Bürgermeister Jean Bousquet, in dem er Stararchitekten und -designer für die Weitergestaltung der Stadt engagierte. So entstand gegenüber der **Maison Carrée**, einem Kleinod römischer Baukunst, das **Carrée d'Art** des Engländers Sir Norman Forster als zwar groß angelegte, aber trotzdem kleinmütige Antwort auf das Pariser **Centre Pompidou**. Das Schönste an dem neuen Kunsthaus ist die Café-Terrasse mit Blick über die Dächer der Stadt. Im Süden von Nîmes baute der Mailänder Vittorio Gregotti ein neues Stadion. Ein Sozialwohnungskomplex in Form eines gläsernen Schiffes mit dem Namen »Nemausus« wurde errichtet. Und durch ein antiker Bauweise nachempfundenes Tor lässt der japanische Architekt Kisho Kurokawa Autos in eine Büro- und Wohnarena fahren.

Während sich Paris im Sommer leert, lockt Nîmes mit Tanz, Theater und Musik die Badegäste vom nahe gelegenen Meer. Die traditionelle Pfingst-Féria füllt das Amphitheater **Les Arènes** nur wenige Tage mit dem blutigen Spiel. Fast den ganzen Rest des Jahres finden hier dann Veranstaltungen aller Art – im Winter unter einem Dach – mit Stars und Sternchen statt.

Hotels/andere Unterkünfte

Auberge de Jeunesse M
nordwestlich ■ a 1
Die Jugendherberge liegt auf einem der Hügel um Nîmes, einer wunderschönen Wohngegend, wenn auch 2 km vom Zentrum entfernt. Es gibt 20 Räume mit zwei, vier und sechs Betten in einem Park. Auch Mountainbikes (V.T.T.) kann man hier mieten. Für den Sommer ist vorherige Reservierung zu empfehlen.
Chemin de la Cigale; Bus 2 Richtung Alès, Villeverte, Haltestelle Stade; Tel. 04 66 68 03 20, Fax 04 66 23 84 27

Central Hôtel ■ f 2
Hübsches, kleines Hotel am Rande der Altstadt. Die Zimmer sind – was hier im Sommer besonders wichtig ist – mit Ventilator ausgestattet.
2, place du Château; Tel. 04 66 67 27 75, Fax 04 66 21 77 79; 15 Zimmer ★★
AmEx DINERS EURO

Imperator ■ b 1
Schön, elegant und ruhig außerhalb der Féria. Die berühmtesten Matadore steigen hier ab.
Quai de la Fontaine; Tel. 04 66 21 90 30, Fax 04 66 67 70 25; www.hotel-imperator.com; 62 Zimmer ★★★★
AmEx DINERS EURO

Lisita ■ d 4
Möbel aus dem Languedoc, Stoffe aus der Provence, schöne Holztüren in einem freundlichen Haus mitten in der Stadt. Die Toreros, die nur über die Straße gehen müssen, um in die Arena zu gelangen, bevorzugen die Zimmer 19 und 28 – im spanischen Stil und mit Eisenbetten.
2 bis, bd. des Arènes; Tel. 04 66 67 66 20, Fax 04 66 76 22 30; 40 Zimmer ★★
AmEx DINERS EURO VISA

Plaza ■ f 3
In einem alten Haus im Stil der 30er Jahre eingerichtet. Die teureren Zimmer in der 4. Etage haben eine kleine Terrasse und einen schönen Blick über die Dächer der Altstadt.
10, rue Roussy; Tel. 04 66 76 16 20, Fax 04 66 67 65 99; 28 Zimmer ★★
AmEx EURO VISA

Royal ■ c 1
Am Rand der Fußgängerzone Place d'Assas mit einer Brunnenanlage (von Martial Raysse) gelegen. Im Inneren dekorativ gestaltet, bei Künstlern und Stierkämpfern so beliebt wie bei Pariser Gästen.
3, bd. Alphonse Daudet; Tel. 04 66 58 28 27, Fax 04 66 58 28 28; 23 Zimmer ★★★
AmEx DINERS EURO VISA

Oben: Abendlicher Treffpunkt ist die Maison Carrée in Nîmes (→ S. 67).

Mitte: Zur Pfingstferia ist die Arena in Nîmes bis auf den letzten Platz besetzt (→ S. 66).

Unten: Boulespieler vor den mittelalterlichen Stadtmauern von Aigues-Mortes (→ S. 69).

Spaziergang

Einen Altstadtbummel durch den seit 1985 denkmalgeschützten Teil der Stadt kann man bei der **Maison Carrée** beginnen. Aber schon wenig später werden die besten Tipps nichts nützen, weil Sie sich verführen lassen werden, irgendwo abzubiegen oder eine andere Gasse entlangzuschlendern. Hier steht vielleicht ein besonders schönes Haus, und dort lockt ein originell dekoriertes Schaufenster. Und schon haben Sie sich verlaufen. Macht nichts, wenn Sie einfach nur geradeaus gehen, erreichen Sie früher oder später wieder einen der vier Boulevards, die um die Altstadt herumführen.

Durch die **Rue de l'Horloge** und dann **Petits Souliers** kommen Sie zur **Place aux Herbes**, einem beschaulichen Platz vor der Kathedrale **Notre-Dame-et-Saint-Castor**. Die **Rue de l'Aspic** ist nicht nur eine elegante Einkaufsstraße. Es gibt auch einiges zu sehen. Das Haus Nr. 14 beispielsweise stammt aus dem Jahr 1699 und hat eine sehenswerte Treppe. In der **Rue du Chapitre** bewundern Sie die Fassade des Hauses Nr. 14, des **L'Hôtel de Régis** aus dem 16. Jh., und öffnen dann die Tür zum bemerkenswerten Hof.

Prächtige Bauten sind auch in der **Rue Dorée** zwischen **Place de l'Aspic** und **Jesuitenkapelle** zu sehen. Im Rathaus, dem **Hôtel de Ville**, sollten Sie versuchen, einen Blick in das von Jean-Michel Wilmotte neu gestaltete Innere zu tun, einer Melange aus Vergangenheit und Hightech. Die Jesuitenkapelle, fünf Minuten vom Rathaus entfernt in der **Grand' Rue**, entstand zwischen 1673 und 1678 nach dem Vorbild der Kirche Il Gesù in Rom. Die Schule der Schönen Künste, **L'Ecole des Beaux-Arts**, wurde in der Grand' Rue von Ariel Balmassiere im alten **Hôtel Rivet** eingerichtet.

Sehenswertes

Les Arènes ■ d 4

2000 Jahre nach ihrer Entstehung sind Les Arènes, wie die Bewohner von Nîmes ihr Amphitheater nennen, das besterhaltene Bauwerk aus römischer Zeit. Es gleicht dem Kolosseum in Rom. Im Inneren der 133 x 101 m großen Ellipse finden 24 000 Besucher Platz. Das Freilufttheater, in dem früher Gladiatorenkämpfe stattfanden, war im Mittelalter bewohnt. 1863 gab es einen Skandal, als die erste Corrida hier veranstaltet wurde. Außer Stierkämpfen dienen die Arenen längst Jazz- und Rockkonzerten, und auch Opern werden hier gesungen. 5

Sommer 9–18.30, Winter 9–12 und 14–17 Uhr, Jan.–April geschl.; Eintritt 5 €

Carrée d'Art ■ c 2

Fünf weiße Säulen vor dem Glas- und Betonpalast korrespondieren mit der gegenüberstehenden Maison Carrée aus augustinischer Zeit. Das neue Zentrum für zeitgenössische Kunst beherbergt Frankreichs modernste Bibliothek und zugleich Mediathek. Im Museum der modernen Kunst im ersten Stock werden die Großen dieser Zeit gezeigt. Sechsmal täglich gibt es Gratisführungen, sonst muss man Eintritt bezahlen.

Di–So 10–20 Uhr; Eintritt 3,50 €

Jardin de la Fontaine ■ a 1/b 1

Am Fuß des Mont Cavalier entstand 1750 der erste öffentliche Garten Frankreichs. Bis zu dieser Zeit dienten Gärten nur als Schmuck von Schlössern. Faune und Nymphen schmücken Wasserbassins. Auf dem Gipfel eines Hügels steht die **Tour Magne**, von deren Schönheit schon Apollinaire schwärmte, und hütet ihr Geheimnis. War der achteckige, 32,7 m hohe Turm ehemals ein Mausoleum, oder wurde er als Kopie des Leuchtturms von Alexandrien errichtet? An der **Nemaususquelle** neben dem Diana-Tempel aus dem 1. Jh., wo die Kelten schon ihren Quellengott verehrten, wie die Legende erzählt, soll Nemausus, ein Sohn des Herakles, die Stadt gegründet haben.

Maison Carrée ■ c 2
Nichts mehr ist von dem ursprünglichen Forum zu sehen, zu dem der vollständig erhaltene, elegante Podiumstempel gehörte. Er ist nur 25 x 12 m groß und wurde im 1. Jh. zur Zeit des Augustus erbaut. Im Laufe der Zeit diente er mal als Versammlungsort der Richter und später der Konsuln, wurde als Wohnhaus, Pferdestall und dann als Kirche der Augustiner genutzt. Heute ist in dem Tempel ein kleines Museum eingerichtet.
Sommer 9–12, 14.30–19 Uhr, Winter 9–12.30, 14–18 Uhr,. Jan.–April geschl.

Museen

Musée Archéologique ■ e 3/f 3
Das meistbesuchte Museum der Stadt mit seiner großen Antikensammlung und Skulpturen zeigt auch Funde aus keltischer, griechischer und mittelalterlicher Zeit.
13, bd. Amiral-Courbet, im alten Jesuitenkonvent; Di bis So 11–18 Uhr

Musée des Beaux-Arts ■ d 6
Das berühmte Bodenmosaik »Die Hochzeit des Admetes« ist hier zu sehen, außerdem italienische und französische Malerei, vornehmlich aus dem Barock und der Renaissance.
Rue de la Cité-Foulc; 16. Juni–15. Sept. 9–19, sonst 12–14 Uhr, So vormittags geschl.

Musée d'Histoire Naturelle ■ e 3/f 3
Prähistorische, naturkundliche und zoologische Sammlung im selben Haus wie das Archäologiemuseum und mit denselben Öffnungszeiten. Im 1. Stock befindet sich eine Sammlung mit Kunstgegenständen aus Afrika, Asien und Ozeanien.
Grand' Rue; April–Sept. Di–So 10–18 Uhr, Okt.–März 11–18 Uhr

Musée du Vieux-Nîmes ■ e 2/e 3
In dem Heimatmuseum kann man Porträts, Keramiken und Möbel besichtigen.
Place aux Herbes, im alten Bischofspalast; 16. Juni–15. Sept. tgl. 11–18 Uhr, außer im Sommer So vormittags geschl.

Essen und Trinken

Alexandre MM südöstlich ■ c 6
Sehr schön, sehr elegant, sehr raffiniert und sehr teuer. Etwas außerhalb der Stadt gelegen.
4, route de l'Aéroport, Garons;
Tel. 04 66 70 08 99; ab 19.30 Uhr, So abend, Mo geschl. ★★★★
AmEx DINERS EURO VISA

Café des Beaux-Arts ■ e 2
Wer sich in der Gesellschaft von (angehenden) Künstlern wohl fühlt, nimmt hier Platz.
Place aux Herbes

Cafés am Boulevard l'Amiral-Courbet ■ e 3/f 2
Treffpunkt von Jugendlichen und Soldaten.

Café Le Cygne ■ c 2
Hier kann man lange sitzen, da das Café erst spät schließt. Neben den üblichen Speisen und Getränken kann man sich auch mit Tabak versorgen.
Bd. Victor-Hugo

Café de Petite Bourse ■ d 4
In dem Café hinter den Arenen treffen sich die Intellektuellen.
Bd. Victor-Hugo/Bd. des Arènes

Le Caramel Mou ■ c 4
Originell dekoriertes Restaurant, und auch in der Küche entstehen so man-

che angenehme Überraschungen wie ein hauchdünnes Entencarpaccio. Für beides ist die Küchenchefin selbst zuständig.
5, rue Jean Reboul; Tel. 04 66 21 27 08; Mo, Di und Aug. geschl., nur abends ★★★ (keine Kreditkarten)

Chez Jacotte ■ d 3
Das Marktangebot inspiriert den Koch täglich neu, weshalb das kleine Restaurant auch von Einheimischen immer gern besucht wird.
1 bis, rue Thoumayne; Tel. 04 66 21 64 59; im Sommer mittags und abends, außer Sa mittags, So und Mo, im Winter mittags Mo–Fr, abends nur Do–Sa ★★

Le Cinq Antoine ■ d 3
Man kann zwar nicht draußen sitzen, aber Salatfreunde werden sich hier zu Hause fühlen. Allerdings nur während der Saison, denn wenn die Touristen weg sind, gibt es auch hier nur Menüs.
5, rue Saint-Antoine; Tel. 04 66 21 86 01; So und Di abends geschl. ★

Le Jardin d'Hadrien ■ f 1
Marktfrisch ist alles zubereitet, das Angebot saisonabhängig. Man sitzt sehr schön im schattigen Patio.
11, rue Enclos Rey; Tel. 04 66 21 86 65; Juli/Aug. So, Sept.–Juni Mi und So abend geschl. ★★

Napoléon ■ d 3
Beliebte Café-Adresse bei Stierkampffans.
Bd. Victor-Hugo

Le Wine Bar chez Michel ■ e 4
Frische Brasserieküche, erstklassige Fische und Meeresfrüchte, dazu eine exzellente Weinauswahl.
11, Square de la Couronne; Tel. 04 66 76 19 59; So, Mo mittag geschl. ★★

Einkaufen

In der Altstadt, um die **Rue de l'Aspic** herum, reihen sich winzige, kleine und mittlere Einzelhandelsgeschäfte aneinander. Hier kann man von Souvenirs und Geschenken über Spiel- und Schreibzeug, Bücher und Bilder, Unterwäsche, Schuhe oder Blumen eigentlich alles erstehen.

Blumen- und Antiquitätenmarkt ■ a 1/a 5
Jeden Freitag schlägt das Herz von Liebhabern alter Möbel, Bilder oder Lampen höher. Farbtupfer verleihen der Marktszene die vielen Stände mit Blumen und Pflanzen.
Av. Jean-Jaurès

Marché M ■ d 1/d 2
In den Markthallen gibt es jeden Vormittag außer montags frisches Obst und Gemüse, Fisch und Brot, Kuchen und vieles mehr. Wer Gewürze nicht im Stoffbeutelchen als Geschenk verpackt, sondern in größeren Mengen für die Küche mitnehmen möchte, findet sie täglich an den Ständen vor der Markthalle.
Rue des Halles

Am Abend

Le Diagonal ■ b 3
Ein angenehmes Lokal mit spanischem Anstrich für Nachteulen. Es gibt auch Tapas, spanische Appetithäppchen.
41 bis, rue Emile-Jamais; Mo geschl.

Movigyps ■ b 4
Café-concert nennt man die Mischung zwischen Kneipe und Varieté wie diese. Auf der Speisekarte werden günstige Gerichte angeboten, und begleitet wird das Mahl während der Woche von Flamenco. Am Wochenende öffnet sich die kleine Bühne für Musiker jeglicher Stilrichtung.
1, Place Placette

Service

Auskunft

Office du Tourisme ■ c 1/c 2
Hier gibt es Stadtpläne, Restaurant- und Hotellisten. Außerdem kann man Geld wechseln und Hotels in Nîmes und im Gard reservieren lassen. Auch Stadtführungen durch das alte Nîmes werden angeboten.
6, rue Auguste, 3000 Nîmes;
Tel. 04 66 58 38 00;
www.ot.nimes.fr

Ziele in der Umgebung

Aigues-Mortes ■ D 11, S. 117

5000 Einwohner

Militärisch gesehen bedeuteten die dicken Mauern, die das Städtchen von Sümpfen und Salinen trennen und vor dem kalten Mistral schützen, eine Fehlplanung. Ludwig IX., der einen Hafen am Mittelmeer plante, ließ 1240 auf einer Halbinsel einen Ort und eine Fahrrinne anlegen. Philipp der Kühne begann und Philipp der Schöne vollendete dann eine 11 m hohe Mauer mit Türmen und Toren. Die Fahrrinnen versandeten jedoch, und die Anlage verlor ihre Bedeutung. Die **Tour de Constance (Konstanzenturm)** wurde Staatsgefängnis zuerst für Templer und später für die Hugenotten. So präsentiert sich heute eine intakte mittelalterliche Stadt, auf deren Mauern man 1634 m um die Stadt gehen und natürlich eine wunderschöne Aussicht auf Salinen und Mittelmeer genießen kann. Vom Frühling bis zum Herbst ziehen Urlauberscharen durch die Gassen. An warmen Sommerabenden sitzen noch lange Musikanten auf dem Platz unter dem Denkmal des Stadtgründers und unterhalten ihre Zuhörer.

Sehenswertes

Listel
Eine ganz besondere Traube wächst hier im Sand. Man kann das Weingut besuchen und seine Erzeugnisse kosten. Fragen Sie, ob Sie das Gut zu Fuß erkunden dürfen. Sie werden Reiher, Pferde und Frösche treffen.
Domaine de Jarras, in Richtung Le Grau-du-Roi; Tel. 04 66 53 63 65

Salins du Midi
Seit der Antike wird hier Salz gewonnen. Die Salinen sind nur mit Führung zu besichtigen. Auskunft beim Office du Tourisme.

Tour de Constance
190 Stufen führen hinauf in den Wehr- und Wohnbau Ludwig des Heiligen, Leuchtturm zur See- und Wachturm zur Landseite.
Tgl. 9–12 und 14–18 Uhr

Essen und Trinken

La Camargue
Der kleine Ort scheint fast nur aus Restaurants zu bestehen. Nur dieses eine sieht man nicht oder kaum von außen. In einer Seitenstraße innerhalb der Mauern sitzt man abends in einem lauschigen Garten und lässt sich schon mit Spezialitäten des Hauses verwöhnen, bevor die Vorspeise serviert wird. Nur ein Menü wird hier angeboten und dazu Flamenco meisterhaft gespielt. Manitas, Mitglied der europaweit bekannten Gipsy Kings, hat hier vor seiner steilen Karriere den Ton angegeben.

Da das Camargue ebenso beliebt wie berühmt ist, gibt es ohne Vorbestellung keine Chance auf einen Gartenplatz.
19, rue de la République; Tel. 04 66 53 86 88; nur abends geöffnet ★★ EURO VISA

Service

Auskunft

Syndicat d'Initiative
Porte de la Gardette, 30220 Aigues-Mortes; Tel. 04 66 53 73 00, Fax 04 66 53 65 94

Ardèche

östlich ■ F 1/F 2, S. 113

Kaum vorstellbar, aber bis in die 80er Jahre warfen die Einwohner von Vallon, Ruoms und Aubenas ihren Müll einfach in den Fluss. 1980 wurde das Naturreservat **Gorges de l'Ardèche** geschaffen, womit der »grüne« Tourismus einsetzte. Wer heute im Sommer nach **Vallon-Pont-d'Arc** kommt, sieht vor lauter Kanus und Kajaks kaum mehr das Wasser. Die Bevölkerung ist 40-mal größer als zur Winterzeit. 17 Bootsverleiher und etwa 3000 Wasserfahrzeuge warten auf Feriengäste.

Zwischen nördlicher und mediterraner Vegetations- und Klimazone hat sich der Fluss tief in das Kalkgestein geschnitten. Die Schönheit des 30 km langen **Canyons** mit seinen bizarren Felsgebilden und überraschenden Schleifen haben ihn auch für Anfänger des Wassersports in den vergangenen Jahren zu einem immer beliebteren Urlaubsziel gemacht.

Die grandiose Höhenstraße ist reich an idyllischen Aussichtspunkten. Unten waschen unsichtbare Seitenarme des Flusses unermüdlich Höhlen ins Kalkgestein, und 1995 wurde wieder eine Grotte mit vorzeitlichen Malereien entdeckt.

Service

Auskunft

Office du Tourisme des Gorges de l'Ardèche
07150 Vallon-Pont-d'Arc; Tel. 04 75 88 04 01, Fax 04 75 88 41 09; www.vallon-pontdarc.com

Escapade Loisir
Hier kann man Höhlengänge, Klettertouren, Tagestouren mit dem Mountainbike und Rafting organisieren lassen. Man kann auch einen Führer für eine Zweitagestour auf dem Fluss bekommen. Geschlafen wird in Biwaks am Ufer, zurück geht es dann mit dem Bus). Im Angebot auch Höhlenwanderungen und nächtliche Unternehmungen.
8, place de la Mairie; Tel. 04 75 88 07 87, Fax 04 75 88 11 74; Ostern–Allerheiligen 8–22 Uhr; www.escapade-loisirs.com

Beaucaire

■ F 9, S. 117

13 500 Einwohner

Bis ins 18. Jh. hinein war der Ort eine berühmte Messestadt. Jedes Jahr am 21. Juli wird mit einem historischen Umzug, Ausstellungen, Kunstmarkt, Konzerten und Corrida an die Vergangenheit erinnert.

Wenn von Ostern bis Oktober das Stierkampffieber erwacht, geht es friedlicher zu als bei den Nachbarn. Hier pflegt man die unblutigen Stierspiele, die **courses camarguaises**.

Sehenswertes

Les Aigles de Beaucaire
Im Schloss spielt man Mittelalter: Frei lebende Raubvögel führen am Himmel ihr Flugballett vor.
Château de Beaucaire, 11, rue du Courrier; 25. März–1. Nov. tgl. außer Mi 14, 15, 16 und 17 Uhr, Juli/Aug. tgl. 15, 16, 17, 18 Uhr

Le Mas des Tourelles
Rekonstruktion einer gallo-romanischen Weinkellerei. Erwachsene kosten Weine, Kinder spielen, und in der Boutique kauft man gleich die Souvenirs: Wein, Öl, Kunsthandwerk oder Getöpfertes.
4294, route de Bellegarde, etwa 4 km außerhalb; 1. April–5. Nov. tgl. 14–19, sonst Sa 14–18 Uhr

Le Vieux Mas
Hier wird das Leben auf dem Lande in der Provence zu Beginn des Jahrhunderts vorgeführt.
Route de Fourques, ca. 8 km in Richtung Arles; tgl. 10–19 Uhr, Jan. geschl.

Service

Auskunft

Office du Tourisme
24, cours Gambetta, 30301 Beaucaire; Tel. 04 66 59 26 57, Fax 04 66 59 68 51

Le Grau-du-Roi – Port-Camargue ■ D 11, S. 117

5200 Einwohner

Auch mit neuen Fußgängerzonen und Blumenkübeln hat das Fischerstädtchen sich seinen Charme erhalten.

Von hier aus gelangt man auch nach **Port-Camargue** mit Europas größtem **Yachthafen** vor dem bettenreichsten Wohnpark der Camargue. Wenn man den Ort rechts liegen lässt und weiterfährt in Richtung **Phare de l'Espiguette**, erreicht man etwa 5 km hinter Le Grau-du-Roi einen 8 km langen und für diese Gegend unglaublich unbebauten breiten Sandstrand hinter hohen Dünen. Im »Seaquarium« und Meeresmuseum besuchen Kinder und Erwachsene die Bewohner der Weltmeere.

Service

Auskunft

Office du Tourisme
Rue Rédarès, 30240 Le Grau-du-Roi; Tel. 04 66 51 67 70, Fax 04 66 51 06 80; www.ville-legrauduroi.fr

Reiten

Ranch du Phare
Route de l'Espiguette; Tel. 04 66 53 10 87

Petite Camargue ■ E11, S. 117

Zwischen **Petit Rhône** und **Etang Mauguio** erstreckt sich die **Kleine Camargue**, die zum Großteil unter Naturschutz steht.

Von **Aigues-Mortes** und **Saint-Gilles** aus kann man das Land mit dem Schiff erkunden.
Tel. 04 66 53 79 47

Pont du Gard ■ F 9, S. 117

Eigentlich handelt es sich bei diesem **pont** um keine Brücke, sondern um den Teil eines 49 km langen **Aquädukts**, der von einer Quelle bei **Uzès** aus den Wasserbedarf der Stadt **Nemausus** deckte. Auf der dritten Bogenreihe flossen 20 000 m³ täglich in 49 m Höhe über das Gardon-Tal. Als im 4. Jh. Wartung und Kontrolle aufgegeben wurden, begann die Wasserleitung zu verkalken. Im 9. Jh. machte eine 40 cm dicke Kalkschicht sie gänzlich unbrauchbar.

Bewunderungswert ist nicht nur die Ingenieurleistung, sondern auch das Kunstwerk an sich, das als siebtes Wunder der römischen Welt bestaunt wurde. Die Bogenläufe sind aus unabhängigen Ringen zusammengesetzt, woraus sich ihre Elastizität ergibt. Die großen, bis zu 6 t schweren Blöcke sind ohne Mörtel aneinander gefügt. Archäologen und Touristikmanager haben die Wasserleitung weiter ausgraben lassen. Der Amerikaner James Turrell hat das Bauwerk 2000 ins rechte Licht gesetzt (Juli, Aug.). Zwei große (kostenpflichtige) Parkplätze fangen die Besucher ab. Führungen, Film, Multimedia-Show (Expo) und Kindergeländespielplatz (Ludo) sorgen für grundsätzliches Verständnis des Weltkulturerbes. Picknicken, wandern und baden im Gardon sind weiterhin erlaubt.
Juni–Aug. 9.30–22 Uhr, sonst bis 18.30 Uhr; Tageskarte 11 €, erm. 9 €

Saint-Gilles ■ E 10/F 10, S. 117

11 000 Einwohner

Die Portalanlage der ehemaligen **Abteikirche** (1166) des Städtchens zählt mit ihrem skulpturalen Schmuck zu den bedeutendsten romanischen Kunstwerken. Die UNESCO hat sie in die Liste des Weltkulturerbes aufgenommen (Foto → S. 22/23).

Uzès nördlich ■ E 9, S. 117

7600 Einwohner

Zwischen Cevennen und Mittelmeer liegt in einer sanften Hügellandschaft das bezauberndste Städtchen im Languedoc. Urlauber erholen sich vor renovierten Arkaden, die schmucke Geschäfte verbergen, und unter Platanen von der Fülle historischer Denkmäler der Stadt, deren bekanntestes die **Tour Fenestrelle**, ein 42 m hoher Campanile aus dem 12. Jh., ist.

Hotels

Hostellerie Provençale
Bei der Kirche Saint-Etienne liegt das vermutlich billigste Hotel der Stadt, einfach und sauber, jedoch mit WC auf dem Flur.
1, rue Grande-Bourgade; Tel. 04 66 22 11 06; 10 Zimmer ★

Hôtel d'Entraigues
Gegenüber dem Bischofspalast steht das Haus aus dem 15. Jh., hübsch mit Antiquitäten eingerichtet und mit einem Schwimmbad ausgestattet.
8, rue de la Calade; Tel. 04 66 22 32 68, Fax 04 66 22 57 01; 36 Zimmer ★★★
AmEx DINERS EURO VISA

Sehenswertes

Duché
Alter Herzogspalast mit bemerkenswerter Renaissance-Fassade und der **Tour Bermonde**, auf die 48 sehr steile Stufen hinaufführen.
1. April–30. Sept. 9.30–12 und 14.30–18, sonst 9.30–12 und von 15.30 Uhr bis zum Einbruch der Dunkelheit

La Place aux Herbes
»Cyrano de Bergerac« wurde hier gedreht. Eine perfekte Kulisse mit hübschen Häusern und Arkaden, besonders am Mittwoch- und Sonnabendvormittag, wenn Markt ist.

Saint-Théodorit
Zusammen mit der **Tour Fenestrelle** und dem Bischofssitz bildet die Kathedrale ein schönes Ensemble. Ihre Orgel stammt aus dem Jahre 1670.

La Tour Fenestrelle
Der elegante Campanile ist nur von außen zu besichtigen.

Essen und Trinken

Chez Myou
Klassische Gerichte werden freundlich in dem hübschen, kleinen Raum serviert.
1, place Saint-Etienne; Tel. 04 66 22 59 28; Mo geschl. ★★

La Jasse
Aus einem alten Gut für Seidenraupenzucht ist ein schönes Restaurant geworden. In Steingewölben genießt man gute regionale Küche.
Arpaillargues, etwa 4,5 km hinter Uzès an der D 982 Richtung Moussac, auf der linken Seite hinter dem Musée 1900; Tel. 04 66 03 10 92 ★

Service

Auskunft

Office du Tourisme
Chapelle des Capucins, place Albert 1er, 30700 Uzès; Tel. 04 66 22 68 88, Fax 04 66 22 95 19; www.ville-uzes.fr

Oben: Der Pont du Gard ist der bedeutendste Aquädukt aus römischer Zeit (→ S. 71).

Mitte: Am Dorfplatz von Uzès scheint die Zeit noch still zu stehen (→ S. 72).

Unten: Le Grau-du-Roi ist einer der wenigen Fischerorte an der Küste des Golfe du Lion (→ S. 71).

Sonne an bis zu 320 Tagen im Jahr, das schönste Stück Küste der Region, romanische Kirchen und hohe Berge – das kommt manchem spanisch vor.

Perpignan ■ E 15, S. 119

163 000 Einwohner
Stadtplan → S. 77

Wenn die Luft in den engen Gassen glüht, dann ist es Sommer in Frankreichs heißester Stadt und höchste Zeit, an die **Côte Vermeille**, die rostrot schimmernde Küste mit grünen Rebhängen über einem unglaublich blauen Meer und unter strahlend wolkenlosem Himmel, zu flüchten. Oder in die Berge im Norden, wo sogar im Juli und August Wanderer über die Hochplateaus und durch grüne Täler ziehen, weil es sich hier gut aushalten lässt. Dann atmet Perpignan erst am Abend auf, und auf der **Place de la Loge**, wo sich am Dienstag- und Donnerstagabend Einheimische und Touristen von Juni bis September als Zuschauer bei dem traditionellen katalanischen Tanz **Sardana** treffen, schmeckt wieder ein leichter Landwein.

Erst seit 350 Jahren gehört das Roussillon, das bis zu den Pyrenäen und Andorra reicht (verwaltungstechnisch P.O. bzw. Pyrénées Orientales genannt), mit Perpignan als Verwaltungssitz zu Frankreich. Ein Drittel aller Einwohner des Roussillon lebt in Perpignan, das im 13. Jahrhundert zweite Hauptstadt Mallorcas war. Das hatte nur praktische Gründe: König Jakob II. hatte die Balearen und die östlich der Pyrenäen gelegenen katalanischen Besitzungen als Königreich Mallorca geerbt. Vom fernen Palma aus ließ es sich schlecht regieren, also musste eine Zweithauptstadt her. Kirchen und ein Palast blieben aus der 68 Jahre kurzen Regierungszeit der Könige von Mallorca. Doch noch mehr Spanisches, besser Katalanisches, ist erhalten geblieben: in der Sprache, die anders klingt, in der einfachen Bauweise vieler umliegender Dörfer und natürlich in der Tradition.

Kapuzenmänner auf der Prozession de la Sanch (→ S. 102).

Nordafrikanische, spanische und portugiesische Einwanderer bestimmen das Straßenbild der lebhaften Stadt, in deren Zentrum Park- und Kaufhäuser dominieren. Doch schon nach wenigen Schritten verliert sich der normalstädtische Trubel, und der Spaziergänger betritt eine ganz gegensätzliche Welt, und er ahnt, dass Diskriminierung und Arbeitslosigkeit auch hier eine Rolle spielen, die der flüchtige Besucher kaum wahrnimmt.

Hotels

Le Maillol ■ b 1/c 1
Ein einfaches, angenehmes Haus, in der Fußgängerzone im Herzen der Altstadt nahe der Place de la Loge gelegen.
14, impasse des Cardeurs;
Tel. 04 68 51 10 20; 14 Zimmer ★

Park Hôtel südöstlich ■ c 1
An der Tangente, die an der Altstadt vorbeiführt, liegt ein gutes Drei-Sterne-Hotel – allerdings mit langweilig moderner Fassade. Eines der besten und teuersten Restaurants der Stadt gehört dazu.
18, bd. Jean-Bourrat; Tel. 04 68 35 14 14, Fax 04 68 35 48 18; 67 Zimmer ★★★
AmEx EURO VISA

De la Poste et de la Perdrix ■ b 1
Zwischen der Place du Castillet und dem Quai Sadi-Carnot in der Altstadt liegt das 1832 gegründete Haus. Attraktiv ist nicht nur die Lage. Eine Marmorhalle, die alte Treppe und schöne Fenster erfreuen das Auge des Besuchers. Die Zimmer dagegen wirken etwas altmodisch. Dafür gibt es einen Fahrstuhl, der einen in die oberen Etagen bringt.

6, rue des Fabriques-Nabot;
Tel. 04 68 34 45 53, Fax 04 68 34 58 20;
38 Zimmer; 30. Jan–7. März geschl. ★★
AmEx VISA

Sehenswertes

Le Castillet und Casa Païral ■ b 1
Die Festung aus dem 14. Jh., im Auftrag der Aragonesen als Schutz gegen die Franzosen erbaut, ist zugleich das Tor zur Altstadt. Unter Ludwig XIV. diente es mit seinen dicken, unüberwindbaren Mauern als Gefängnis.

Heute kann hier im **Musée Catalan des Arts et Traditions Populaires** auf mehreren Etagen katalanisches Brauchtum besichtigt werden sowie Möbel, Stoffe und Skulpturen. Der Gang hinauf ins oberste Stockwerk lohnt wegen des herrlichen Blickes über Stadt und Land.
Mai–Sept. Mi–Mo 10–19, So –18, sonst 11–17.30 Uhr

Cathédrale St-Jean ■ c 1
Vom 15. bis zum 17. Jh. entstand das Kirchenschiff von 48 m Länge in mehreren Bauetappen und damit einer der schönsten gotischen Kircheninnenräume im Süden Frankreichs. In einer Seitenkapelle rechts hinter einer Ledertür, in der **Chapelle du Dévot-Christ**, bewahrt man einen besonderen Schatz auf. Das geradezu expressionistisch gearbeitete **Kruzifix** aus dem 14. Jh. stammt angeblich aus der Werkstatt eines rheinländischen Künstlers. Es wird anlässlich der Karfreitagsprozessionen durch die Straßen getragen. Nach einer Legende unbekannten Ursprungs neigt sich der Kopf des Schmerzensmannes jedes Jahr ein Stück mehr dem Körper zu. Wenn er ihn berührt, soll angeblich die Welt untergehen. Der Friedhof im Süden der Kathedrale ist einer der ältesten mittelalterlichen Frankreichs (Sommer geschl.).
Place Gambetta

Palais des Rois de Majorque
südlich ■ a 4
Der Palast der Könige von Mallorca, im 13. und 14. Jh. errichtet und älteste Königsresidenz Frankreichs, zeigt vor allem im Ehrenhof noch Reste des vergangenen Reichtums wie monumentale Treppen, prächtige doppelstöckige Arkaden oder Rundbögen aus blauem Marmor.

Am schönsten ist der Ostflügel. In den königlichen Gemächern im ersten Stock spürt man jedoch nichts mehr vom früheren Glanz. Erhalten blieb aus den alten Tagen nur ein Kamin.
Rue des Archers; 10–18 Uhr

Place de la Loge ■ b 1
Hier schlägt das Herz der Altstadt, und hier trifft man sich nach dem Einkaufen. Nur durch einen schmalen Gang getrennt, sitzen auf der einen Seite die Freunde der Schnellverpflegung und gegenüber die anderen, die im Café den Blick auf die Loge de Mer mitbezahlen. 1388 wurde an dieser Stelle das **Consulat de Mer**, eine Art Handelskammer, gegründet und zog mit Börse und Gericht ein. Heute ist im ehemaligen Untergeschoss ein Restaurant untergebracht. Gleich nebenan steht das Rathaus aus dem 14. Jh. Den Innenhof regiert **La Mediterranée**, das Hauptwerk des hiesigen Bildhauers Maillol. Das **Palais de la Députation**, ehemaliger Sitz der Provinzabgeordneten, ebenfalls aus dem 14. Jh., fällt durch katalanische Gestaltungselemente und durch das bemerkenswerte Portal auf.

Essen und Trinken

Casa Sansa MM ■ b 1
Eine Institution und In-Lokal seit Jahren, durch und durch katalanisch. Der große, bunte Saal mit Stierkampfplakaten an den Wänden ist meist überfüllt von Studenten, Intellektuellen und solchen, die sich dafür

halten. Man isst **escalivade** (im Backofen zubereitetes Gemüse), **morue catalane** (Stockfisch) oder **pollastre amb gambas** (Huhn und Gambas in Weinsauce). An manchen Abenden auch mit Livemusik.
3, rue des Fabriques-Couvertes, nahe Castillet; Tel. 04 68 34 21 84; So und Mo. mittags geschl. ★★

Des Expéditeurs nordwestlich ▪ b 1
Spezialität des Hauses sind **tête de veau** und **tripes catalanes** (Kalbskopf und Innereien). Wem das nicht behagt, dem bleibt die Auswahl zwischen verschiedenen preiswerten Mittags- und Abendmenüs. Freitags wird **bouillabaisse** und mittwochs **paella** serviert.
19, av. du Général-Leclerc, nahe Castillet; Tel. 04 68 35 15 80; Sa abends, So und an Feiertagen geschl. ★

Opéra Bouffe ▪ b 2
Elegantes Ambiente und eine erlesene Speisekarte mit leckeren Salaten, katalanischen Platten, gegrilltem Fisch und etwas ganz Besonderem zum Dessert: **mel i matò**, Schafskäse, mit Honig verfeinert. Im Sommer kann man auch auf einer schattigen Terrasse Platz

nehmen. Bis 22.30 Uhr wird serviert!
Impasse de la Division, zwischen Place de la Loge und Place Arago; Tel. 04 68 34 83 83; So, Mo mittags und im Feb. geschl. ★★
AmEx EURO

Am Abend

République Café ■ b 2
Ein Billardsaal und zwei Bars, von denen die eine sehr durchgestylt, die andere dagegen intimer gestaltet ist. Das meist sehr junge Publikum hört hier bei einem Drink gute Rockmusik oder New Wave.
2, place de la République; tgl. 15–2 Uhr, So geschl.

Service

Auskunft

Comité Départemental du Tourisme ■ a 2
Quai de-Lattre-de-Tassigny, B.P. 540, 66005 Perpignan Cedex; Tel. 04 68 34 29 94

MERIAN-Tipp

Nordafrikanischer Basar MM Rund um die Place du Plug und die Place Cassanyes werden am Samstag- und Sonntagvormittag die Straßen zum nordafrikanischen Basar. Man kann zwischen bunten Stoffen und hübschen Stickereien wählen, in exotischem Gemüse schwelgen oder Schnitzereien bewundern. Das Angebot ist unbeschreiblich. Danach nimmt man im Café Tanger oder im Café Agadir einen Pfefferminztee und sieht gemütlich dem Trubel zu.
südöstlich ■ c 2

Office Municipal du Tourisme nordöstlich ■ b 1
Place Armand-Lanoux, im Palais des Congrès; Tel. 04 68 66 30 30; im Sommer tgl. 9–20, im Winter 8.30–12 und 14–18.30 Uhr

Autovermietung

Avis westlich ■ a 1
13, bd. du Conflent; Tel. 04 68 34 26 71

Citer südöstlich ■ a 4
44, av. du Maréchal-Juin; Tel. 04 68 67 31 05

Eurocar westlich ■ a 1
28, av. du Général-de-Gaulle; Tel. 04 68 34 65 03

Fahrradverleih

Cycles Mercier westlich ■ a 3
1, rue du Président-Doumer; Tel. 04 68 85 02 71

Ziele in der Umgebung

Amélie-les-Bains

■ D 16, S. 119

3200 Einwohner

Schon bevor die Römer hier **Thermen** bauten, sollen die Menschen der Urzeit die Schwefelquellen genutzt haben. Die heutigen Kureinrichtungen in einem der ersten Thermalbäder Frankreichs für Asthma- und Rheumakranke sind jedoch nicht mehr so attraktiv.

Banyuls-sur-Mer

■ F 16, S. 119

4500 Einwohner

Ein bekannter und gerühmter Dessertwein trägt diesen Namen. Der hübsche kleine Badeort mit Yachthafen ist Heimat des Bildhauers Maillol, der 1861 hier geboren und nach seinem Tod 1944 im Garten des

Mas Maillol begraben wurde. Im Aquarium des ozeanografischen Instituts, einer der wichtigsten meeresbiologischen Einrichtungen Frankreichs, kann man Meeresbewohner, die man sonst nur von der Speisekarte kennt, in ihrem Element beobachten.
Plage du Fontaulé; tgl. 9–12 und 14–18, im Sommer bis 22 Uhr; Eintritt 4 €

Sehenswertes

Küstenstraße
Von Banyuls nach Cerbère an der spanischen Grenze führt eine einzigartig schöne Küstenstraße. Am Aussichtspunkt **Cap Rederis** kann man sich an einer Orientierungstafel informieren: Im Norden blickt man über die Küste von Roussillon bis zu den Cevennen und im Süden bis zur Costa Brava. Himmel und Wasser verschmelzen zwischen Rebhängen und Pyrenäengipfeln.

Canigou ■ C 16, S. 118

Da hatte man ihn jahrhundertelang gefeiert, weil man ihn für den Größten hielt – und er war es gar nicht, denn die höchste Erhebung in den Pyrenäen ist der in Spanien liegende **Pic d'Aneto** mit 3404 m.

Auf dem (nur) 2784 m hohen Canigou entzünden französische und spanische Katalanen jedes Jahr pünktlich um 22 Uhr auf dem Gipfel das Johannisfeuer. Viele Legenden ranken sich um diesen Berg, den vermutlich Peter III. von Aragon als Erster bestiegen hat. Tausende folgten dem königlichen Wanderer mit dem Fahrrad, zu Pferd und zu Fuß.

La Cerdagne ■ A 16, S. 118

Das von Ludwig XIV. als Garnisonsstadt erbaute **Mont-Louis** liegt auf 1600 m Höhe. In der höchsten Stadt Frankreichs, wo die Sonne so nah ist und noch im Sommer Schnee liegt, entstand 1953 der erste Sonnenofen. Das einzigartige Panorama unter den Pyrenäengipfeln mit Almen und weiten Wäldern, in denen Füchse, Schneehühner und Auerhähne leben, zieht Wanderer wie Skiläufer an.

Céret ■ D 16, S. 119

7300 Einwohner

Illustre Namen sind mit diesem hübschen, lebhaften Städtchen, nur 20 km von der spanischen Grenze entfernt, verbunden: Braque, Juan Gris, Cocteau, Matisse, Chagall, Dufy, Soutine. Picasso versammelte all diese Künstler hier, im Mekka des Kubismus. Unglaublich, wie viele Platanen und Bistrostühle in der kleinen Altstadt Platz finden. Auf über 310 Sonnentage – die meisten von kühlendem Wind begleitet – freuen sich die Einwohner und darauf, dass hier Ende April/Anfang Mai die ersten Kirschen geerntet werden.

Hotels/andere Unterkünfte

Le Mas Trilles
Ein riesiger, mit besonderem Geschmack renovierter katalanischer Bauernhof aus dem 17. Jh. und mit zwölf ganz unterschiedlichen, unglaublich luxuriös ausgestatteten Zimmern. Das Gebäude liegt malerisch am Ufer eines Flusses in einem Park mit Schwimmbad.
Auf der D 115 in Richtung Amélie-les-Bains, am Ortsende, Le Pont-de-Reynès; Tel. 04 68 87 38 37, Fax 04 68 87 42 62; 12 Zimmer ★★★ AmEx EURO VISA

Vidal
Die ehemalige, zum Hotel umgestaltete Bischofsresidenz hat ihren merkwürdigen Charme erhalten.
4, place du 4-Septembre, im Zentrum; Tel. 04 68 87 00 85; 12 Zimmer; 15. Okt.–15. Nov. geschl.; lange Voranmeldung notwendig ★ EURO VISA

Camping à la Ferme
Unter Kirschbäumen findet man Platz für Zelte und Wohnwagen. Es gibt auch ein Schwimmbad. Wer möchte, kann auch eines der Gästezimmer ohne Frühstück beziehen.
An der D 115, von Perpignan aus 3 km vor der Abzweigung nach Céret gelegen
Mas d'en Mas
66400 Saint-Jean-Pla-de-Corts;
Tel. 04 68 83 46 01 ★

Sehenswertes

Pont du Diable
Von Perpignan aus erreicht man den geheimnisvollen Eingang des Ortes aus dem 14. Jh., der lange Zeit einziger Zugang zur Stadt war. Ein einziger Bogen überspannt mit 45 m den Tech. Da das architektonische Rätsel nicht gelüftet werden konnte, war klar, dass der Teufel selbst die Brücke gebaut haben musste.

Museum

Musée d'Art Moderne de Céret
Ein riesiges Museum in einer kleinen Stadt. Pierre Brune, selbst Maler, baute zu diesem Zweck 1948 ein altes Kloster nach den Plänen des Architekten Jaume Frexa aus Barcelona um. Es zu bestücken war mit Hilfe seiner Künstlerfreunde ganz einfach. Das größte Geschenk machte ihm **Picasso** 1953 mit 59 seiner Werke.
8, bd. du Maréchal-Joffre; Mitte Juni–Mitte Sept. tgl. 10–19 Uhr, Di geschl.;
Eintritt 6 €

Einkaufen

Marché
Jeden Sonnabendvormittag findet in der Altstadt ein Markt statt mit großem Angebot an Erzeugnissen aus der Region.
Bd. du Maréchal-Joffre

Service

Auskunft

Syndicat d'Initiative
Av. Clemenceau, 66400 Céret;
Tel. 04 68 87 00 53

Collioure

F 16, S. 119

2800 Einwohner

Henri Matisse quartierte sich hier im Sommer 1905 unter dem blauen Himmel des Mittelmeeres ein. Ihm folgten André Derain und Maurice de Vlaminck. Auch Picasso arbeitete in Collioure. Ein Kritiker fühlte sich angesichts des hier entstandenen, eigenwilligen künstlerischen Schaffens an Wilde erinnert – **des fauves**. Heute bietet der Ort seinen Besuchern einen **chemin du fauvisme** in 20 Etappen an, wo Kunstwerke von Matisse und Derain zu bewundern sind.

Ihre Nachfolger ziehen heute jeden Morgen zu Dutzenden mit der Staffelei an die Uferpromenade und malen, was der Pinsel hält und so, dass die Touristen nicht erschrecken, höchstens über die hohen Preise dieser Kunst.

Die Beschaulichkeit von vor wenigen Jahren ist verschwunden. Die Zahl der Unterkünfte und Restaurants und der Besucher hat zugenommen, und doch lässt sich der alte Charme des Städtchens immer noch entdecken.

Hotel

Hostellerie des Templiers M
Alle Maler haben hier gewohnt, beim Père Pous und seiner Frau Pauline, und er hat sich Unterkunft und Verpflegung gerne mit Kunstwerken bezahlen lassen. Mehr als 2000 sollen es sein – Matisse natürlich, Picasso, Dufy, Dalí, Maillol –, die jedes freie Stück Wand zieren, unmöglich nachzuzählen. Manches wertvolle Stück

Oben: Kunstmuseum und Hotel in einem – die Hostellerie des Templiers in Collioure (→ S. 80).

Mitte: Ein Prunkstück der Militärarchitektur des späten 15. Jahrhunderts ist das Châteaufort de Salses (→ S. 83).

Unten: Der Pic du Canigou ist ein beliebtes Ausflugsziel von Naturfreunden (→ S. 79).

wurde gestohlen, vieles soll nur noch Reproduktion sein. Im Flur, im Restaurant und in den Hotelzimmern lebt der Gast immer noch wie auf einer Kunstinsel. Die Zimmer sind hübsch, ein bisschen laut vielleicht. Ohne Reservierung ist es aber fast aussichtslos, eines zu bekommen.
12, quai de l'Amirauté; Tel. 04 68 98 31 10, Fax 04 68 98 01 24; 52 Zimmer; Jan. geschl.
★★ AmEx DINERS EURO VISA

Sehenswertes

Château Royal des Templiers
Mehr als 700 Jahre alt ist der ehemalige Sitz der Könige von Mallorca und Aragon, den später der Templerorden bezog. Heute finden im Inneren Ausstellungen zeitgenössischer Kunsthandwerke statt.
Sommer 10–18, Winter 9–17 Uhr

! MERIAN-Tipp

Villefranche-de-Conflent Nachdem viele Einwohner den Ort verlassen haben, erobern ihn nun die Anhänger des sanften Tourismus. Mehrmals täglich fährt von hier aus der **petit train jaune**, eine Schmalspurbahn, die 63 km lange Strecke über Mont-Louis, Font-Romeu und Bourg-Madame nach Latour-de-Carol. Die Bahnfahrt geht drei Stunden lang durch 19 Tunnel und über 20 Brücken. Seine kanariengelbe Farbe verlieh dem Zug seinen Namen. Wer an einer der 22 Haltestationen aussteigen möchte, muss dem Schaffner vorher Bescheid geben. Die Hin- und Rückfahrt kostet etwa 30 €. ■ B 16, S. 118

Notre-Dame-des-Anges
Der alte Leuchtturm wurde zum Glockenturm umgestaltet und ist dergestalt heute das Wahrzeichen Collioures. Im Inneren der Kirche aus dem 17. Jh. kann man im Halbdunkel neun unglaublich reich ausgestattete Altäre bewundern, ein grandioses Triptychon aus vergoldetem Holz, geschaffen von einem katalanischen Künstler, und den Kirchenschatz in der Sakristei mit einem Prozessionskreuz aus dem 16. Jh.

Quartier du Mouré
Zwischen Schloss und Kirche, Küste und Quai de l'Amirauté liegt die Altstadt Collioures. Mit den weißen Häusern und den Balkons voller blühender Blumen mutet sie sehr spanisch an. Über die hübsche Rue Miradou gelangt man zur gleichnamigen Festung aus dem 17. Jh., die auch heute noch militärisch genutzt wird.

Service

Auskunft

Syndicat d'Initiative
Place du 18-Juin, Altstadt, 66190 Collioure; Tel. 04 68 82 15 47, Fax 04 68 82 46 29

Côte Vermeille

südöstlich ■ F 16, S. 119

Die **Côte Sablonneuse** mit ihrem etwa 30 km langen, feinkörnigen breiten Sandstreifen setzt die Reihe der schattenlosen Strände im nördlich gelegenen **Golfe du Lion** fort. In dem ehemaligen Sumpfgebiet zwischen **Le Barcarès** und **Saint-Cyprien**, wo in den 60er Jahren Ferienorte aus der Retorte entstanden, lebten 1939 über 100 000 Flüchtlinge des faschistischen spanischen Franco-Regimes.

Kurz hinter **Racou-Plage** unterbrechen Pyrenäenausläufer die 200 km lange und flache Mittelmeerküste. Die Strände werden schmal und grau.

Font-Romeu ■ A 16, S. 118

1850 Einwohner (mit Odeillo)

Deutsche und italienische Ski-Urlauber geraten angesichts der noch unzerstörten Landschaft ins Schwärmen. Um den bekannten Wintersportort herum sind immerhin 32 Skilifte, 460 Schneekanonen, 40 Pisten und 52 km Skiabfahrten eingerichtet. 10 000 Solarzellen heizen die Hotelzimmer und wärmen das Wasser.

Service

Auskunft

Office du Tourisme
38, av. Emmanuel-Brousse, 66120 Font-Romeu; Tel. 04 68 30 02 74

Odeillo ■ A 16, S. 118

1850 Einwohner (mit Font-Romeu)

Seit 1969 werden hier mit einem 40 m hohen Parabolspiegel Sonnenstrahlen gebündelt: ein schönes Fotomotiv, besonders wenn sich dunkle Wolken dem strahlenden Ungeheuer nähern. Man kann den beeindruckenden **Four solaire** besichtigen.
Juli/Aug. 10–19.30, Sept.–Juni 10–12.30, 14–18 Uhr

Prades ■ C 15, S. 118

6000 Einwohner

Eine stille Stadt – so lange bis die Besucher der **katalanischen Sommeruniversität** in der zweiten Augusthälfte, des **Cineastentreffens** in der zweiten Julihälfte und des **Pablo-Casals-Festivals** von Ende Juli bis Mitte August zu tausenden aus allen Himmelsrichtungen in den Ort strömen und ihn zum Leben erwecken. Auf der Flucht vor Franco hatte es den bekannten Cellisten und Menschenrechtskämpfer Casals hierher verschlagen. 1950 initiierte der Künstler das Musikfestival, zu dem jedes Jahr namhafte Solisten und Ensembles eintreffen. Die Konzerte finden in der 3 km entfernten **Abtei St-Michel-de-Cuxa** statt.

Hotel

Las Astrillas
4 km südlich von Prades ist ein altes Bauernhaus zum komfortablen Gästehaus umgestaltet worden.
Route du Canigou (Ortseingang links), 66500 Taurinya; Tel. 04 68 96 17 01; 5 Zimmer ★ EURO

Service

Auskunft

Bureau du Festival Pau Casals
Rue Victor Hugo, 66500 Prades;
Tel. 04 68 96 33 07, Fax 04 68 96 50 95

Syndicat d'Initiative
Château Pams; Tel. 04 68 96 27 58

Salses ■ E 14, S. 119

16 km nördlich von Perpignan liegt mit dem **Châteaufort de Salses** ein Meisterwerk militärischer Architektur. Diese Sehenswürdigkeit schickt sich an, mit ihren Besucherzahlen Carcassonne zu überholen. Ihr Bauherr, Francisco Ramirez, war auch spanischer Kriegsminister. Bis 1659, als der Pyrenäenvertrag geschlossen wurde, verlief hier die spanische Grenze. Zusammen mit der Festung, die Ferdinand von Aragon 1497 errichten ließ, diente sie als Bollwerk gegen die Franzosen. Die am Fuße 15 m breiten Mauern erwiesen sich als uneinnehmbar und letztlich auch unzerstörbar.
Tgl. 9.30–12 und 14–17 Uhr, einstündige Führungen, 1. und 11. Nov., 25. Dez., 1. Jan. und 1. Mai geschl.

Extra: Languedoc-Roussilon mit Kindern

Höhlen, verlassene Dörfer, alte Burgen – und dann wieder Sand und Meer. Langeweile werden Kinder im Languedoc-Roussillon kaum erleben.

Auf dem Bildschirm zuckt und quiekt es, zucken Blitze und grölen Monster. Kein Küstenbadeort ohne Scharen von Kindern und Jugendlichen, die sich um Spielautomaten drängeln und dafür ihre letzten Francs ausgeben, für die sie sich eigentlich ein Eis holen wollten. Dort, wo nur Sand und Meer ist, wird es schnell langweilig. Im Salz- und Sandboden an der Küste wächst kein Baum, der Schatten spenden kann. Da ist es im Sommer am besten in den Cafés auszuhalten, wo Kinder vor den Automaten drängeln.

Viel spannender ist es natürlich zu entdecken, was es zu Hause nicht gibt. Zum Entdecken und Verstecken reizt die **Festung** in Carcassonne mit ihren Mauern, Türmen und Gräben. Auch der alte Seidenzug, der **Trans-Cévenol**, der zwischen Anduze und Saint-Jean-du-Gard verkehrt, ist bestimmt einen Ausflug wert. Der kohlrabenschwarze Heizer mit seinen Rußhänden hat nichts gegen einen Besuch auf seiner Dampflok und zeigt den Kleinen auch gerne, wie das schnaufende Ungetüm funktioniert.

Und was gibt es Schöneres, als im heißen Sommer in einer kühlen Tropfsteinhöhle herumzusteigen oder -zufahren. Im **Aven Armand** in der **Causse Méjean** herrschen in 75 Meter Tiefe kühle zehn Grad, wes-

halb man sich auch etwas Wärmeres zum Anziehen mitnehmen sollte. Mit dem Picknickkorb kann man auf kleinen Wegen die **Gorges du Tarn** hinunterklettern, ein schattiges Plätzchen suchen und die Füße im wilden Wasser baumeln lassen.

Von Dinosauriern und anderen wilden Tieren

Im **Dinosauriermuseum** in **Espéraza** kann man der Fantasie freien Lauf lassen und versuchen, sich vorzustellen, wie vor unendlich vielen Jahren diese riesigen Urtiere die südfranzösischen Täler bevölkerten. Wer gemeinsam mit den Eltern eine der alten **Katharerburgen** zwischen den Weinfeldern im **Minervois** bezwungen hat, findet das **Museum Hurepel** in **Minerve** bestimmt spannend. In nachgebauten Miniaturlandschaften mit Felsen und Bäumen klettern, arbeiten, leben und kämpfen kleine getöpferte Katharerfiguren. Ein hübscher Text (auch auf Deutsch) hilft dabei, die einzelnen Szenen besser zu verstehen.

Im **Cirque de Mourèze** kann man auch sehen, wie die Bewohner der merkwürdigen Felsen früher gelebt haben, und ihre nachgebauten Behausungen besuchen.

Fast wie im nahen Afrika geht es in der **Réserve Africaine** in **Sigean** zu.

Falken aus nächster Nähe erleben kann man im **Schloss von Beaucaire**. Und wer aufmerksam durch die Gegend fährt oder ein Stück wandert, sieht vielleicht auch mal einen Adler, der sich gerade eine Schlange oder ein anderes Tier geschnappt hat.

Fische aus aller Welt zeigt das Seaquarium in Port Camargue. Im Bonbon-Museum bei Uzès lernt man spielend alles über ein Kinder-Grundnahrungsmittel.

Besuch in einer Zauberwelt: Aven Armand. In der Tropfsteinhöhle werden zweimal jährlich auch Konzerte veranstaltet.

MERIAN-Tipp

Le Grau-du-Roi Wer keine Angst vor Seekrankheit hat, kann sich am Ende der Promenade, dort wo die Schiffe nachmittags immer ankommen, erkundigen, ob ihn morgens um 6 Uhr einmal ein **Fischerboot** mitnimmt. Dazu ist es ganz wichtig, sich einen warmen Pullover mitzunehmen, weil es auch im Hochsommer morgens auf dem Wasser richtig kalt sein kann, und ein Sonnenschutzmittel, weil trotz Wind und Gänsehaut die Sonne kräftiger brennt, als man zunächst merkt. Vor glitschigen Fischen ekeln darf man sich allerdings nicht und keine Angst vor Fischern haben, die kein Wort Deutsch sprechen. ■ D 11, S. 117

Extra: Sport und Freizeitaktivitäten

Es gibt wohl kaum eine Sportart, deren Anhänger im Languedoc-Roussillon nicht das ideale Terrain fänden. Zwar hat sich herumgesprochen, dass auf der Ardèche gut Kanu fahren ist und die Cevennen ein wunderschönes Wandergebiet sind. Aber nur wenige wissen bisher, dass das »Naturulaub«-Programm der Pyrenäen im Roussillon von Wandern über Reiten, Radwandern, Klettern, Gleitschirm- und Segelfliegen bis hin zu Wildwasserfahren, Segeln, Windsurfen und Tauchen reicht. Botanische Lehrpfade führen durch mediterrane Berg- und Trockenzonen. Geführte Wanderritte von 0 bis 3000 Meter Höhe sind möglich. Klettergärten findet man von Collioure bis Tautavel, Golfplätze bei den Erholungszentren.

Wilde Flüsse, steile Felsen und weite Strände, Wind und endlose Wege laden ein zum Kajakfahren, Angeln, Schwimmen, Surfen oder Wandern.

Angeln

Groß ist die Zahl der Angelmöglichkeiten am Meer und an den zahlreichen Flüssen im Land. Während man an der See unproblematisch seinem Hobby nachgehen kann, sollte man sich im Hinterland beim örtlichen Syndicat d'Initiative oder im Rathaus nach den Angelrechten erkundigen.

Gleitschirmfliegen

Lehrgänge im Gleitschirmfliegen gibt es von April bis Oktober.

Ecole de Parapente Volem
Carrer des Closes, 66210 Espousouilles;
Fax 04 68 04 47 37

Golf

17 Golfplätze insgesamt sind angelegt zwischen Lozère und den Pyrenäen. Für 140 € hat man mit dem **Golf-Pass** freien Eintritt auf fünf Plätzen seiner Wahl. Zu den schönsten Plätzen gehören:
Cap d'Agde, 18 Löcher, 6301 m, in schöner Landschaft am Meer mit gut geschützten Greens, Tel. 04 67 26 54 40
Montpellier-Massane, 18 Löcher, 5675 m, wie auf schottischen Plätzen gewellte Fairways zwischen Wasser-Hindernissen, Tel. 04 67 87 87 87.

Kanu-/Kajakfahren

Im Mai und Juni ist Hauptsaison für Kanu- und Kajakfahrer auf **Ardèche**, **Cèze** und **Gardon**. Man kann die Flüsse das ganze Jahr über befahren, wenn der Sommer nicht sehr trocken ist. Die beste Zeit aber ist das späte Frühjahr. An den Flüssen findet man eine große Zahl ausgeschilderter Verleihfirmen. Die Tagesmiete für ein Kajak beträgt um 35 € und für ein Kanu etwa 50 €. Der Rücktransport zum Ausgangsort ist im Preis inbegriffen, Flusskarten ebenso.

Als schwer zu befahrende Wasser, mit denen es nur Erfahrene aufnehmen sollten, gelten in den Causses **Dourbie, Orb, Trévezel** und **Vis**, in den Pyrenäen die Oberläufe von **Aude** und **Tech**.

Die Hauptsaison für Kanufahrer beginnt im Mai. Man kann wählen zwischen gemütlichen Ausflugsfahrten und anspruchsvollen Wildwassertouren.

Klettern

Zuerst war es lediglich ein Teil des Bergsteigens, inzwischen hat es sich zum eigenen Sport entwickelt. Über ein Dutzend Klettergärten gibt es im Languedoc-Roussillon. Der berühmteste ist der bei Vingrau mit 250 Steigen. Hier sind Hochgebirgsführer zu Hause, aber auch Grund- und Aufbaukurse werden angeboten.
Bruno Colla ■ D 14/E 14, S. 119
5, rue Millère, 66600 Vingrau;
Tel. 04 68 29 19 31
Wer das Klettern weniger ambitioniert betreiben möchte, findet bei Katharerburgen zahlreiche Möglichkeiten.

Rad fahren

Wer bei Fahrrad fahren an die Tour de France denkt, täuscht sich über die französische Wirklichkeit. Die Franzosen sind zwar begeisterte Radsportanhänger, jedoch Fahrradwege gibt es kaum. In den Bergen ist das kein Problem: Da sind während der Saison hunderte oder tausende mit dem Mountainbike unterwegs. Wer ein Fahrrad leihen will, sollte die Abkürzung VTT für **Vélo tout terrain** (Mountainbike) kennen.

Extra: Sport und Freizeitaktivitäten

Reiten

Ob Reitunterricht, Ausritte oder Vorbereitungen auf Prüfungen, mit und ohne Unterkunft, mit eigenem Pferd und ohne, für alle Wünsche gibt es eine Vielzahl von Angeboten.

A Cheval en Pyrénées-Roussillon
Le Moulin, 66320 Marquixanes;
Tel. 04 68 96 07 64, ■ C 15, S. 118
Fax 04 68 05 28 83

Segelfliegen

Flugplätze in 200 bis 2067 m Höhe gibt es in den Pyrenäen und im Pyrenäenvorland.

Comité Départemental de Vol Libre
Tel. 04 68 04 34 11

Surfen

180 km Küste im **Golfe du Lion** mit ablandigen Winden bieten Surfern hervorragende Sportmöglichkeiten. In jedem Küstenort findet man Surfschulen und Verleihe.

Wandern

Mehr als 4000 km ausgeschilderte Wanderwege durchziehen das Languedoc. Die Fernwanderwege, **Sentiers de Grande Randonnée**, sind auf rot-weißen nummerierten Wegweisern mit »GR« ausgezeichnet. Die Etappen, mit gelegentlichen Höhenunterschieden von 100 m, sind gut zu schaffen und führen an verschiedenen Ortschaften mit Unterkunftsmöglichkeiten vorbei.

Wanderführer mit Karten und Adressen der Wanderhütten gibt es auch beim:

Comité National des Sentiers de Grande Randonnée
8, avenue Marceau, F-75008 Paris

Strände

Am **Golfe du Lion** gibt es neben den alten, gewachsenen Badeplätzen eine Vielzahl an Retortenorten, die nach 20 bis 30 Jahren auch etwas Patina angesetzt haben.

Ein familiärer, hübscher Badeort ist **Le Grau-du-Roi** an der Mündung des Rhône-Kanals. Die touristengerechte Erweiterung entstand im östlich gelegenen **Port-Camargue**.

Größter und extravagantester Ferienort ist **La Grande-Motte**.

Die westlichen Nachbarn **Carnon-Plage**, Montpelliers ältester Badeplatz, und **Plage Villeneuve-lès-Maguelone** sind im Sommer Tummelplätze meist junger Leute.

Um **Frontignan-Plage** herum sind die ursprünglichen Fischerorte zu Badeorten mutiert, denen Industrie und Ölraffinerien mittlerweile sehr nahe rücken. Auch am Badestrand von **Sète**, der **Corniche**, liegt das Ferienzentrum in Industrienähe.

Strandleben à la française: An den Sommerwochenenden zieht es die Einheimischen ans Meer.

Kilometerlang und bis zu 100 m breit erstreckt sich an der viel befahrenen N 112 ein Sandstrand bis hin zu den langweiligen Appartementhäusern von **Marseillan**.

Deutsche Stimmen hört man oft in der Ferienanlage von **Cap d'Agde**, der größten durchorganisierten Retortenstadt mit sieben Stränden, Yachthafen, Nachtklubs, Kinos, Golf- und Tennisplätzen.

Schwieriger erreichbar sind die kleinen Küstenansiedlungen bis **Sérignan-Plage** mit viel Platz am Strand. **Valras-Plage** ist der – windige – Hausstrand der Bewohner der Umgebung von Béziers.

Narbonne-Plage hat wieder mehr Kapazitäten und Rummel zu bieten.

Hübsch und geschichtsträchtig in den Salzgärten am Fuße der **Montagne de la Clape** liegt **Gruissan.** Die ehemalige Hafenzufahrt von Narbonne ist um das Urlaubszentrum **Gruissan-Port** und den Yachthafen herumgewachsen.

La Franqui-Plage, klein und in einem Pinienwald versteckt, ist die Alternative zu den Betonburgen von **Port-Leucate**.

Von **Port-Bacarès** bis **Saint-Cyprien** ist die **Côte Sablonneuse** breit und schattenlos. Ihre Retortenorte sind immer noch im Wachsen begriffen.

Schmal werden die Strände an den Pyrenäenausläufern. Dafür hat die **Côte Vermeille** einen einmalig schönen Hintergrund anzubieten, grüne Weinberge und rostfarbene Felsen unter klarblauem Himmel. Klein und hübsch ist **Collioure**, bescheidener **Port-Vendres** und schon sehr spanisch geprägt der Weinort **Banyuls-sur-Mer** mit seinem groben Kiesstrand. Der kleine Strand von **Cerbère** lockt höchstens Taucher, und im Grenzort **Portbou** suchen nur Durchreisende Erfrischung im Meer.

Mit einem fahrbaren Untersatz,

auf dem Wasser oder mit nicht viel mehr als Luft unter den Sohlen kann man sich im Languedoc-Roussillon bewegen und die Region erforschen.

Die Franzosen sind zwar begeisterte Radsport-anhänger, doch Fahrrad-wege gibt es nur selten.

Mittelalter und Mittelmeer: rund um Nîmes

Nach Norden geht es über Uzès, den Pont du Gard und Beaucaire in die Kleine Camargue nach **Saint-Gilles** und **Aigues-Mortes**. Vielleicht noch ein Abstecher, um die Füße ins Mittelmeer zu tauchen – das ist mit etwa 200 Kilometern ein langer Tag.

Durch **Uzès** bummeln ist schön, denn wo sonst gibt es noch so ein freundliches Städtchen unterwegs? Zum **Pont du Gard**, der berühmtesten Wasserleitung der Welt, sind es nur 16 Kilometer. Da lohnt es sich, nach Remoulins zu fahren und ein Stückchen zurück zum Aquädukt, denn da ist seine Schokoladenseite. Das Auto muss man ohnehin abstellen. Eigentlich ist der Aquädukt mit seinen Ausstellungen allein einen Tagesausflug wert.

Weiter geht es auf der D 986 nach **Beaucaire**. Zeit für einen Kaffee unter Platanen? Es ist hübsch, hier zu rasten, und bis **Saint-Gilles** ist die D 38 nicht sehr abwechslungsreich. Bereits in mittelalterlichen Reiseführern wurde dieser Ort gepriesen. Saint-Gilles war Wallfahrtsort und für die Jakobspilger Station auf dem Weg ins spanische Santiago de Compostela. Kunstfreunde kommen ohnehin nicht um diese Station herum, denn die abenteuerliche Fassade der Abteikirche gehört zu den wertvollsten romanischen Baudenkmälern Frankreichs: Künstler berühmter Bildhauerschulen schufen im 12. und 13. Jahrhundert dramatische Szenen aus dem Leben Jesu.

Zunächst geht es weiter in Richtung **Saintes-Maries-de-la-Mer**. Man kann auch vorher nach rechts in Richtung Aigues-Mortes abbiegen. Wer Zeit hat, läuft ein Stück über die Stadtmauer. Man hat einen wunderbaren Blick über **Salinen**, den **Rhône-Kanal** zum Mittelmeer und zu den **Cevennen**. Gut essen kann man hier auch!

Am schönsten ist der Weg ans Meer morgens, wenn es dann plötzlich nach Tang und Salz riecht und die Sonne die Salinen rosa färbt (auf dem Rückweg tut sie das abends, und ganz hinten sieht man die **Tour de Constance** von Aigues-Mortes) und die Flamingos durch das hohe Schilf am anderen Ufer stelzen. Im Sommer fährt man besser gleich an der Ampel von Le Grau-du-Roi links und nimmt den ersten Parkplatz, den man findet. Der Badeort ist im Sommer überfüllt. Ein schönes Aquarium ist zu besichtigen.

Zurück geht es wieder über Aigues-Mortes und kurz hinter **Aimargues** auf die N 113 Richtung Nîmes. Noch keine Lust? Dann müssen Sie sieben Kilometer hinter Aigues-Mortes nach **Lunel** abbiegen, das von der Stierzucht lebt. Auf dem Weg zum sehenswerten **Sommières** liegen rechts bei **Ambrussum** die Reste der Römerstraße Via Domitia, die antike neben der modernen Autobahn. Zwischen den schiefen Fassaden und tiefen Arkaden hinter der Brücke über den **Vidourle** liegen zwei Marktplätze. Kräuterhändler aus der ganzen Gegend treffen sich hier. Nach 28 Kilometern hat man wieder Nîmes erreicht.

Dauer: 1 Tag; **Karte:** → S. 117

MIT DEM AUTO

Aigues-Mortes
D979
8 km
Le Grau-du-Roi
D979
8 km
Aigues-Mortes
15 km
Lunel
14,5 km
Sommières
D40
28 km
Nîmes

Typisch: von Platanen gesäumte Alleen.

Katharerland: schöne Landschaft mit grausiger Vergangenheit

Die massive, ockerfarbene Festung mit 15 m hohen Mauern war auch Albrecht Dürer eine Skizze wert.

An der ehemaligen spanischen Grenze, am **Châteaufort de Salses**, beginnt die Rundfahrt. 1497 hatten die Spanier diese Festung errichtet, weil sie die ewigen Grenzverletzungen der Franzosen leid waren. Das stolze Bauwerk lag zunächst am Meer. Schon hundert Jahre später allerdings stand die Burg auf trockenem Sand und war für die Franzosen leicht umgehbar. In der Höhle **Caune de l'Arago** wurde 1971 der älteste bis dahin bekannte Menschenschädel in Europa gefunden. Im etwas weiter südlich gelegenen Tautavel kann man das 455 000 Jahre alte Fragment besichtigen.

In Tautavel ist das europäische Zentrum der Altsteinzeit zu besichtigen.

Durch das Weinanbaugebiet des **Fitou** gelangt man auf der D 12 zu den Ruinen des **Château d'Aguilar**. In zehn Minuten ist man hinaufgeklettert und fühlt sich wie ein Adler. Heftig umkämpfte und kaum zugängliche Gebiete lagen auf dem Weg zur ehemaligen Grenzbastion **Château de Padern** und zum hübschen **Cucugnan** (D 14). Da sieht man schon eine weitere Burgruine, das **Château de Quéribus**. Der 728 Meter hoch gelegene Beobachtungsposten aus dem 11. Jahrhundert ist schon mühsamer zu erklimmen.

Das Château de Quéribus diente den Katharern als Beobachtungsposten.

Die größte und abenteuerlichste Festung ist das **Château de Peyrepertuse**. Erst während der 4 Französischen Revolution wurde die Befestigung gestürmt. Durch die Gorges de Galamus verlässt man das Languedoc und kommt ins Roussillon. Eine bewirtschaftete Einsiedelei aus dem 15. Jahrhundert, die **Ermitage de St-Antoine**, ist über einige Stufen zu Fuß zu erreichen. Durch das Weinland fährt man weiter nach **Estagel** und von dort auf der D 117 zurück in Richtung Perpignan.

Die Tour ist nicht für Wohnmobile geeignet.

Länge: 200 km
Dauer: mindestens 1 Tag; **Karte:** → S. 119

Ein reizvoller Fußweg zu den Gorges du Tarn

Schmal, steinig, schön und einsam ist der Fußweg, der am Ufer des Tarn auf- und abwärts führt. Die **Gorges du Tarn** stellen eine der größten touristischen Attraktionen in der Gegend dar. Wer am Rand der Causses an dieser Schlucht entlangfährt, passiert Stellen mit wunderschönen Ausblicken. Wer ihr näher kommen will, ohne sich den im Sommer eher gemächlichen Fluss mit vielen anderen Kanu- oder Kajakfahrern zu teilen, wandert am Flussufer entlang. Der Rundwanderweg überwindet Höhenunterschiede von etwa 500 Metern, führt über die **Causse Méjean** und dann über gelegentlich abschüssige Pfade hinunter ins Tal.

Die Causses sind Karst-Plateaulandschaften mit unterirdischen Wasserläufen im Kalkuntergrund.

Ausgangspunkt ist **Saint-Chély-du-Tarn** auf der rechten, östlichen Seite des Flusses, sechs Kilometer südlich von **Sainte-Enimie**. Das Auto kann man in Saint-Chély-du-Tarn auf dem Parkplatz abstellen. Man durchquert den Ort aufwärts, kommt hinter dem Ortsausgang nach einer Kehrtwende gleich zu einer Gabelung und geht hier links. Nach einer weiteren Kehre steigt der Weg weiter an. Und schon kann man in die Schlucht und nach St-Chély hinuntersehen. Am **Col de Cauperlac** überschreitet man die Straße und befindet sich auf der Causse Méjean.

Vom Erosionstal in Form eines Amphitheaters hinauf in die Höhen.

Der Weg führt nun in Richtung **Mas-St-Chély** und etwa 100 Meter weiter nach rechts, wo es nach **Caussignac** geht. Über **Anilhac** geht es hinunter zum Weiler **Castellos** mit seinen schönen Häusern und einer Burgruine, dann zum Weiler **Haute-Rives**. Der Weg führt nun immer am Fluss entlang. Es geht auf- und abwärts. Bei der Gabelung, an der die Wanderung begann, muss man sich nach links wenden und hat bald wieder **St-Chély-du-Tarn** erreicht.

Dieses ruhige Flussufer ist nur zu Fuß erreichbar.

Dauer: 5 Stunden; **Karte:** → S. 112

Gemütlich: mit dem Hausboot auf dem Canal du Midi

Eine lange, geruhsame Woche unter Platanen an Weinbergen und an der Garrigue vorbei. »Pénichettes« nennt man die Hausboote, mit denen man in Frankreich ohne Bootsführerschein den Canal du Midi von **Carcassonne** bis zum **Mittelmeer** oder umgekehrt befahren darf (Abbiegen in den Hérault ist nicht erlaubt). Zahlreiche Unternehmen bieten

10 zwei- bis zehntägige Fahrten zwischen **Trèbes** nahe Carcassonne und **Marseillan** am Mittelmeer an. Die meisten Ansiedlungen, an denen man festmacht, sind ruhige Dörfer mit Märkten zum Einkaufen, oft preiswerten Gaststätten und Übernachtungsmöglichkeiten. Mückenschutz nicht vergessen!

1681, nach fünfzehnjähriger Bauzeit, fuhr das erste Schiff auf dem Kanal.

So alt wie der Kanal sind die Platanen, die über ihm zu einem Dach zusammenwachsen, das die Sonne filtert und unter dem die Mücken tanzen. Zu erwarten sind 64 Schleusen, 55 Aquädukte, sieben Kanalbrücken und 126 Bogenbrücken. Arbeit machen nur erstere. Oft warten jedoch auch Schleusenwärter auf die Boote. Wo dies nicht der Fall ist, erfährt die Bootsbesatzung schnell, dass das Kurbeln ganz schön in die Knochen geht.

1997 wurde der Canal du Midi zum »Weltkulturerbe« der UNESCO erklärt.

Gemächlich tuckert man von **Trèbes** in Richtung **Marseillette**. Das Auto steht auf einem bewachten Parkplatz, Fahrräder nimmt man mit. Dienstags und freitags lohnt es sich, hinter der Schleuse von **Aiguille** festzumachen und den Markt von **Puichéric** zu besuchen. **Homps** mit seinen vielen Bootsverleihern scheint mehr Hafen als Ort zu sein. Das Restaurant **Les Tonneliers** ist beliebter Treffpunkt bei Kanalurlaubern.

Hinter **Argens** wird es noch ruhiger. 54 Kilometer ohne Schleusen liegen in einer Bilderbuchlandschaft, an den Weinbergen der **Corbières** und an Dörfern vorbei durch die **Garrigue** geht es jetzt. Kein Trinkwasser gibt es in **Roubia**, weshalb man entsprechend vorsorgen sollte. Danach erreicht man Le Somail, ein hübsches Fleckchen mit einem ganz besonderen Antiquariat. Bei »Le Trouve-Tout du Livre« liegen etwa 30 000 Bücher wohl sortiert in einer Halle. Auch ein Hutmuseum gibt es hier.

Das Hutmuseum von Le Somail zeigt 6500 Kopfbedeckungen.

Bei dem mittelalterlichen Dörfchen **Mirepeisset** muss man sich entscheiden, ob man über die **Descente de la Robine** nach **Narbonne** fahren will. Der Canal du Midi führt weiter in Richtung **Capestang**. In Capestang kann man wieder Wasser nachfüllen und an einem Sonntagvormittag oder mittwochs auch auf dem Markt einkaufen. An der **Domaine de Guéry**, einem 400 Jahre alten Weingut, lockt ein eigener Ankerplatz potenzielle Kunden. Zugegeben, die nächste Möglichkeit in **Poilhes** ist viel schwieriger.

Die Schleusen von **Fonséranes** vor **Béziers** muss man bis 15 Uhr hinter sich haben. Nach der **Pont de Cayuls** kann man bei einer Fischzucht Forellen angeln oder Krebse kaufen. Wasser gibt es hier kostenlos. Durch eine kreisförmige Schleuse gelangt man dann nach **Agde**. Die Sperrschleuse in **Prades** ist in der Regel offen. Wenn nicht, muss man selbst an der Kurbel drehen. In **Bagnas** gibt es nur eine Schleuse. Danach befindet man sich zwischen den Strandseen von Bagnas und **Thau** (auf die gekennzeichneten Austernbänke achten!) auf den letzten Kilometern nach Marseillan.

Dauer: von Carcassonne bis Béziers eine Woche;
Karte: → S. 114/115

Beschauliches Schippern auf dem Canal du Midi.

Von den Anreisemöglichkeiten

über Einkaufstipps und den Festkalender bis zu den Zollmodalitäten: Alles Wissenswerte ist hier übersichtlich aufgeführt.

Weidende Schafherden prägen seit alters her das Landschaftsbild im Languedoc-Roussillon.

Languedoc-Roussillon von A–Z

Anreise

Mit dem Auto

Wenn man von den Hauptreisezeiten im Juli und August absieht, und hier jeweils vom zweiten Wochenende, wenn die Franzosen sich auf den Weg in den Urlaub machen, lässt es sich gut auf den gebührenpflichtigen Autobahnen nach Süden reisen (Höchstgeschwindigkeit 130 km/h). Die A 6 und die A 7 sind die Hauptreiserouten. Seit außerdem der Engpass Lyon mit der östlichen Umfahrung (A 40) entschärft ist und die A 39 von Dôle nach Bourg-en-Bresse den Stau von Beaune umfährt, spart man auch 20 km ein.

Das Schild **Péage** zeigt an, wo die **Mautpflicht** für die Autobahnen beginnt. Wer das Land einmal von Norden nach Süden durchquert, muss mit etwa 50 € an Gebühren rechnen. Parallel zur Autobahn kann man die Nationalstraße N 113 an der Rhône entlangfahren. Jedoch kommt man auf dieser meist viel befahrenen Strecke dementsprechend langsamer voran.

Mit dem Autoreisezug

Bis zu den Verladebahnhöfen **Avignon** und **Narbonne** kann man von Berlin, Düsseldorf, Hannover, Hamburg, Köln und München aus mit dem Autoreisezug von April bis Oktober fahren, wenn man seine Reise sehr früh plant. Das hat allerdings seinen Preis: Von Hamburg oder Berlin bis Avignon bezahlt man etwa 500 € für die einfache Fahrt.

Mit dem Flugzeug

Direktflüge aus Deutschland, Österreich und der Schweiz ins Languedoc-Roussillon gibt es nicht. Zwei Möglichkeiten bieten sich an: Man fliegt nach **Lyon** oder **Paris** und steigt anschließend um. Im ersten Fall in Auto oder Zug, im zweiten auch ins nächste Flugzeug nach **Nîmes**, **Montpellier** oder **Perpignan**.

Mit dem Zug

Am schnellsten erreicht man den Süden über **Paris**. Von hier aus fährt der Hochgeschwindigkeitszug **TGV** (Train à Grande Vitesse) in knapp vier Stunden nach **Nîmes**, eine halbe Stunde länger bis **Montpellier**, rund fünf Stunden bis **Béziers** oder 6 1/2 Stunden bis **Narbonne**.

Neben preisgünstigen Tickets für Jugendliche und Rentner wird für längere Strecken der **tarif de séjour** angeboten. So ist es gelegentlich günstiger, weiter nach Süden zu fahren oder ein Ticket für diese Strecke zu buchen, um in den Genuss der billigen Fahrkarte zu gelangen. Jedenfalls ist sie eine vernünftige Alternative für Urlauber, die von einem der größeren Orte eine Rundfahrt planen.

Auskunft

Französische Fremdenverkehrsämter

In Deutschland
Westendstr. 47, 60325 Frankfurt/Main;
Tel. 01 90/57 00 25, Fax 01 90/59 90 61
(Servicenummer 1,20 DM/Minute);
Internet: www.maison-de-la-france.com

In Österreich
Argentinierstr. 41, 1040 Wien;
Tel. 01/5 03 28 90, Fax 01/5 03 28 71

In der Schweiz
Löwenstr. 59, 8023 Zürich;
Tel. 01/2 11 30 85, Fax 01/2 12 16 44

In Frankreich
Comité Régional du Tourisme Languedoc-Roussillon, 20, rue de la République, 34000 Montpellier;
Tel. 00 33/4 67 22 81 00, Fax 00 33/4 67 58 06 10; Internet: www.sunfrance.com

Diplomatische Vertretungen

Deutsches Generalkonsulat
338, av. du Prado, 13295 Marseille/Cedex 8;
Tel. 04 91 16 75 20, Fax 04 91 16 75 28

Österreichisches Generalkonsulat
22, cours Pierre Puget, 13006 Marseille;
Tel. 04 91 53 02 08, Fax 04 91 53 71 51

Schweizer Generalkonsulat
7, rue d'Arcole, 13291 Marseille Cedex 6;
Tel. 04 91 53 36 65

Einkaufen

Kräuter muss man im Süden Frankreichs eigentlich nicht kaufen. Wer im Frühling durch die Garrigue, die Heide-, Busch- und Strauchlandschaft wie etwa in der Gegend von Nîmes, wandert, muss sich nur bücken und hineingreifen in Thymian und Rosmarin. Und wer die Sträucher später auf der Ablage im Auto in der Sonne trocknen lässt, wird noch im kommenden Jahr in einem nach Süden duftenden Auto zur Arbeit fahren. Käuflich erwerben kann man sie natürlich auch unter dem Namen **Herbes de Provence**, je nach Verpackung zu unterschiedlichen Preisen.

Ein wunderbares **Öl** wird aus den länglichen grünen Oliven gepresst, die um Clermont-l'Hérault geerntet werden. Das **cassoulet**, ein Bohneneintopf mit – je nach Region – Gänse- oder Entenfleisch, aber immer mit Knoblauch und Speck und unterschiedlich gewürzt, kann man in Dose oder Glas mit nach Hause nehmen.

Dem **Wein** des Languedoc-Roussillon eilt kein besonders guter Ruf voraus. Nur zehn Prozent der hier angebauten Reben wird eine höhere Qualität bescheinigt. Das Gros besteht aus Tafel- und einfachen Landweinen. Schilder an Landstraßen und in Dörfern fordern Sie zur **dégustation**, zur Weinprobe beim Winzer, auf. Das kostet nichts und verspricht einen günstigen Einkauf, da Sie selbst den Transport übernehmen. Wenn Sie sich nicht nur auf Ihren eigenen Geschmack verlassen wollen, helfen die vier französischen Qualitätsstufen weiter: **A.O.C.** (Appellation d'Origine Contrôlée) bezeichnet das kontrollierte Anbaugebiet. Der Zusatz **supérieur** weist auf eine überdurchschnittliche Qualität hin, **cru** oder **grand cru** auf ein Spitzenerzeugnis. Dasselbe gilt für den Zusatz **cuvée** oder **grande cuvée**.

V.D.Q.S. (Vins Délimités de Qualité Supérieure) ist, mit denselben Zusätzen, ähnlich zu interpretieren. **Vins de pays** sind leichte, gut trinkbare Landweine, während in **vins de table** alles und von überall her abgefüllt sein kann. Aus Frankreichs südlichstem Weinanbaugebiet, von Collioure bis Cerbère am Fuß der Pyrenäen, stammt ein berühmter Apéritif- und Dessertwein, dessen edelster der **Banyuls Grand Cru** ist.

Die zum Großteil arme Region, die von Landwirtschaft, Weinbau und – in unterschiedlicher Intensität – vom Tourismus lebt, ist nicht gerade ein Paradies für Mitbringseljäger auf der Suche nach originellen handwerklichen Produkten. In manchen Orten kann man aber ganz hübsche **Töpferwaren** erstehen. Ein Geheimtipp für Sammler von antiquarischer Literatur ist das kleine **Montolieu** bei Carcassonne.

Ladenöffnungszeiten für Touristen
Die Öffnungszeiten der Geschäfte sind im Süden Frankreichs nicht mehr so starr wie vor einigen Jahren, als zwischen 12 bis 15 und im Sommer bis 17 Uhr die Mittagsruhe eingehalten wurde. Die Regelung gilt immer noch für Orte mit wenig Tourismus. Wo man jedoch vor allem von den Sommergästen lebt und sonst nicht zu viele Einkünfte zu erwarten hat, versuchen die Händler den Besuchern entgegenzukommen. Manche Bäckereien, Schnellimbisse oder Gaststätten sind auch über Mittag geöffnet und Kaufhäuser gelegentlich ebenfalls.

Samstags sind die Geschäfte wie an anderen Werktagen auch bis

19 Uhr geöffnet, Supermärkte am Stadtrand bis 21 oder 22 Uhr. Sonntagvormittag gibt es Lebensmittel und Brot, und man trifft sich in Markthallen. Montagvormittag haben viele Läden geschlossen, wie auch die meisten Bäcker auf dem Land. Sie wechseln, wie dienstags die Fleischer, ihre Öffnungszeiten mit dem Kollegen aus dem Nachbardorf ab.

Feiertage

1. Januar	Neujahr
Ostermontag	
1. Mai	Tag der Arbeit
8. Mai	Armistice 1945, Deutsche Kapitulation in Reims
Christi Himmelfahrt	
Pfingstmontag	
14. Juli	Nationalfeiertag, Sturm auf die Bastille 1789
15. August	Mariä Himmelfahrt
1. November	Allerheiligen
11. November	Waffenstillstand 1918
25. Dezember	Weihnachten

Feste und Festspiele

Wer am Donnerstag vor Pfingsten nach Nîmes kommt, dem klingt Musik in den Ohren. Sie dröhnt aus den Lautsprechern in den Bäumen an der Straße und wer weiß woher. In den Cafés an der Arena sitzen die **aficionados** in der Hoffnung, den berühmten **Torero**, den man am Sonntag anfeuern wird, auf dem Balkon seines Hotels zu erblicken: Die **féria** hat begonnen. In Nîmes wird, seit 1813, die größte Corrida außerhalb Spaniens gefeiert, und nur hier sowie im nahen Arles und in Béziers werden die Stiere beim Kampf getötet. Doch der Stierkampf ist nicht nur (hier zu Lande wenig) umstrittenes Spektakel, sondern im Frühjahr, Herbst und Winter auch lohnendes Geschäft. An ihm verdienen Stierzüchter, Toreros und Fernsehsender.

Bei den Stierspielen, den **courses camarguaises**, die während des Sommers in Beaucaire, Alès, Châteaurenard, Lunel, Saint-Gilles, Vauvert und in Dörfern der Umgebung stattfinden, geht es dagegen unblutig und bedeutend amüsanter zu. Sie sind nicht so teuer, und man bekommt für sie leichter Karten. Traditionell begleitet von der Musik aus der Oper »Carmen«, messen Mann und Tier ihre Kräfte hier jedoch ohne Gewalt und Blutvergießen.

März/April
Karfreitagsprozession
Mittelalterlich mutet die Prozession der Confrérerie de la Sanch in Perpignan an. 600 Männer und Frauen in bodenlangen Kutten und unter Kapuzen mit Sehschlitzen, der Kleidung einer christlichen Bußbruderschaft, ziehen durch die Stadt. Seit 1950 8
erinnern sie mit diesem Umzug wieder an den katalanischen Prediger Vincent Ferrier, dessen Reden im 15. Jh. die Menschen in Scharen angezogen haben sollen. 1777 wurde die Bruderschaft verboten, und mancher Besucher sieht die Prozession mit gemischten Gefühlen vorüberziehen, galten die Brüder zur Zeit der Inquisition doch auch als Folterknechte.

Mai
Printemps des Comédiens
Zehn Tage lang findet in Montpellier dieses bemerkenswerte Theaterfestival statt.
Ende Mai, Anfang Juni

Juni
La Fète de Saint-Pierre
Das Standbild des Petrus, des Schutzheiligen der Fischer, wird jedes Jahr im Sommer in Gruissan feierlich hinter den Fahnen der Fischer her in die

Kirche und danach zum Hafen getragen. Tausende von Blumen werden dort ins Wasser geworfen, um das gefährliche Meer zu beruhigen. Danach fahren die Fischerboote hinaus, um den Segen für Wellen und Netze hinauszutragen.
29. Juni

Féria
Nach dem Münchner Oktoberfest wurde die Pfingst-Féria zum populärsten Fest Europas gekürt. Ihre Eintrittskarten sind daher rar und teuer, die Hotels mehr als überfüllt. Die Féria des Vendanges, zur Weinernte, wird nicht ganz so laut und unmäßig in der dritten Septemberwoche gefeiert. Und weil solch ein Fest sehr einträglich ist, hat sich mittlerweile die Féria d'Hiver im Februar unter geschlossenem Arenendach dazugesellt.
Kartenver- und Vorverkauf:
Bureau de location des arènes ■ d4
1, rue Alexandre-Ducros, Nîmes;
Tel. 04 66 67 28 02

Juni–September
Sardanes
Traditionelle katalanische Tänze werden dienstags und donnerstags in Perpignan auf der Place de la Loge aufgeführt.

Juli/August
Festival Nuits d'Uzès
Im Hof des Bischofspalastes und in der Kathedrale Saint-Théodorit von Uzès werden Konzertreihen veranstaltet. Racine kommentierte den Musikgenuss mit: »Meine Nächte sind schöner als eure Tage …«
Juli

Corrida
Auch in Céret finden traditionelle Corridas mit »mise à mort« statt. Nachdem der Stier getötet ist, wird in den Straßen gegessen, getrunken und gefeiert.

Festival International de Sardanes
Alle Tänzer, die auf diesem Gebiet Rang und Namen haben, kommen nach Céret zum Wettstreit in der Arena.
Am vorletzten Sonntag im August

Musik- und Theaterfestivals
Auf den meisten Festivals zwischen Mitte Juli und Mitte August werden klassische und moderne Theateraufführungen geboten, wie beispielsweise in Montpellier oder in Narbonne. Dazu gibt es Tanzveranstaltungen und Ausstellungen. Freunde von Jazz und klassischer Musik treffen sich im Sommer in Béziers und Nîmes. In Carcassonne besteht der Festivalsommer aus historischen Ritterspielen, Musik und Tanz. Hier findet das schönste Spektakel des gesamten Départements statt. Es endet mit einem Feuerwerk, das die alte Festung in alle Farben taucht. Auch im Département Lozère erfreuen Musikveranstaltungen Ohr und Auge, wie in La Canourgue beim »Festival des Sources« oder dem »Festival de la Valée et des Gorges du Tarn« oder bei Musik und Tanz »Sous Rocher à l'Aven Armand«. Dasselbe gilt für den Musiksommer in Collioure, das »Festival Pablo Casals« in Prades, die Musiksaison in Saint-Guilhem-le-Désert und viele andere. Ein aktuelles Programm ist erhältlich bei der:
Association Technique des Festivals Languedoc-Roussillon ■ d1, S. 63
2, rue Salle l'Evêque, F-34000 Montpellier

15. August: Von diesem Tag an wird jedes Jahr zwei Wochen lang unter einem anderen Schwerpunktthema in Carcassonne Mittelalter »gespielt«.

An drei Tagen im August sind die Straßen von Uzès von Musik beherrscht, sei es Flamenco, Jazz oder Lambada. Auch Gaukler ziehen durch die Altstadt.

Joutes
Die Besatzungen zweier Boote versuchen, sich hierbei gegenseitig mit Stangen von den Booten zu stoßen. In Nîmes, Sète, Le Grau-du-Roi und anderen Orten gehören Joutes zu den touristischen Vergnügungen.
Sète: 21.–25. August

Oktober
Fête du Vin Nouveau
In Béziers wird jedes Jahr mit viel Folklore der neue Wein gefeiert.

November
Festival du Jeune Comédien
Vier Tage lang kann man in Béziers die Theaterstars von morgen bewundern.
Mitte November

Geld

Am 1. Januar 2002 wurden die Euro-Banknoten und -Münzen in Umlauf gebracht. Spätestens am 1. Juli 2002 verlieren dann die einzelstaaatlichen Währungen – also auch der französische Franc – ihre Gültigkeit als gesetzliche Zahlungsmittel.

Kreditkarten sind in Frankreich häufiger in Gebrauch als in Deutschland. Oft ist damit jedoch ausschließlich die französische Carte Bleue (CB) gemeint. So sollte man für Restaurantbesuche immer Bargeld mit dabei haben. Hotelrechnungen dagegen kann man fast immer mit Kreditkarte begleichen. Wo Karten akzeptiert werden, sind AmEx EURO und VISA am gebräuchlichsten.

Nebenkosten in Euro	
1 Tasse Kaffee	ca. 1,00–2,00
1 Bier (Flasche)	ca. 2,00
1 Cola	ca. 0,50
1 Brot (Weißbrot)	0,50
1 Schachtel Zigaretten	2,60
1 Liter Benzin	1,00
Fahrt mit öffentl. Verkehrsmitteln (Einzelfahrt)	0,40
Mietwagen/Tag	ab 35,00

Jugendherbergen

Viele Jugendherbergen in Frankreich liegen wirklich wunderschön, wie beispielsweise in der Festung von Carcassonne inmitten der teuren Hotels. Da sie sehr beliebt sind, wird meist eine rechtzeitige schriftliche Anmeldung erwartet. Einen internationalen Jugendherbergsausweis bekommt man beim Deutschen Jugendherbergswerk oder beim französischen FUAJ, der auch regionale Verzeichnisse versendet.

Normalerweise sind die französischen Herbergen von 7–10 und 17–22 Uhr geöffnet, im Sommer länger. Die Übernachtungspreise liegen zwischen 15 und 40 €, meist wird eine Mietgebühr für Bettwäsche und manchmal eine Steuer erhoben. Oft gibt es ein günstiges Frühstück und abends preiswerte Mahlzeiten. In vielen Herbergen sind auch Einrichtungen für Selbstversorger vorhanden.

Medizinische Versorgung

Der Arzt trägt hier zu Lande keinen weißen Kittel. Dafür kassiert er gleich nach der Behandlung. Da nützt auch kein Auslandskrankenschein. Man lässt sich die Behandlung bescheinigen und rechnet zu Hause mit der Krankenkasse ab.

Notruf

ACE 00 49/18 02/34 35 36
ADAC 00 49/18 02/22 22 22
Polizei 17
Feuerwehr 18

Post

Briefmarken kauft man im **Tabac**, erkennbar an der roten Zigarre über der Tür. Dort gibt es auch die zum Telefonieren unentbehrliche **Télécarte**. Beides erhält man natürlich auch bei der Post. Öffnungszeiten 8–18.30 Uhr.

Reisezeit

Im Juli und August herrscht Hochsaison. Wer kein Zimmer und keinen Zeltplatz vorbestellt hat, dürfte Schwierigkeiten haben, eine Unterkunft zu finden. In Feriengebieten wird manches Zimmer nur mit Halbpension oder nur wochenweise vermietet. Wer mit dem Auto unterwegs ist, sollte die nationalen Aufbruchtermine 15. Juli und 15. August meiden. Mit hohem Verkehrsaufkommen ist in den französischen Naherholungsgebieten auch an Wochenenden und an Feiertagen zu rechnen. Die Saison für Wanderer beginnt in den Bergen kurz nach Ostern und endet erst im Herbst. Dann aber sind die Pflanzen verbrannt und die Landschaft nicht mehr so reizvoll. Ähnliches gilt für die Kanuten in den Canyons. Auch Straßenräuber halten sich, vor allem in den Städten, an die Saison und nicht mehr nur an große Autos. Für Hotelpreise und Öffnungszeiten ist von Ostern bis Allerheiligen Saison bzw. Hochsaison.

Telefonieren

Ohne **Télécarte** (zu 50 oder 120 Einheiten) geht fast nichts, auch nicht auf dem Dorf. In Telefonzellen, an

Die Klimadaten von Perpignan

	Januar	Februar	März	April	Mai	Juni	Juli	August	September	Oktober	November	Dezember
Durchschnittl. Temp. in °C Tag	11,8	12,9	15,9	18,7	21,8	25,9	28,8	28,4	25,2	20,3	15,8	12,5
Durchschnittl. Temp. in °C Nacht	3,7	3,7	7,1	9,5	12,7	16,3	18,8	18,7	16,5	12,1	7,9	5,2
Sonnenstunden pro Tag	5,1	6,1	6,8	8,3	9,0	9,0	10,2	9,3	7,9	6,0	5,2	4,6
Regentage	7	6	8	7	9	7	5	6	7	8	6	9
Wassertemp. in °C	12	12	12	13	15	18	20	21	20	17	15	13

Quelle: Deutscher Wetterdienst, Offenbach

denen eine Klingel klebt, kann man sich auch anrufen lassen. Die Karten gibt es bei der Post und im **Tabac**.

Wer eine Telefonnummer sucht, begibt sich im Postamt (oder in der Bar) ans **Minitel**, wählt die 11 und kann dann auf dem Bildschirm durch das Telefonbuch wandern. Das ist einfacher, als ein Telefonbuch zu benutzen, da man bis auf das Département die genaue Adresse nicht kennen muss.

Für Gespräche nach Frankreich muss man Länderkennzeichen 0033 und die Teilnehmernummer wählen. Dabei lässt man die 0 der neuen zehnstelligen Telefonnummern weg. Seit Okt. 1996 ist die Auslandsvorwahl 19 durch 00 ersetzt. Seitdem gelten folgende Länderkennzahlen:

D, A, CH → F 00 33
F → D 00 49
F → A 00 43
F → CH 00 41

Der günstigere Nachttarif gilt von 19–8 Uhr, samstags ab 12 Uhr und an Sonn- und Feiertagen.

Verkehrsverbindungen

Auto

Die schönsten Plätze in der Region Languedoc-Roussillon sind ohne Auto oder Motorrad kaum erreichbar. In den größeren Städten in der Ebene und an der Küste bieten daher verschiedene Mietwagenfirmen ihre Dienste an.

Zur Hauptreisezeit empfiehlt es sich jedoch, schon von zu Hause aus ein Auto zu bestellen. Die Preise entsprechen in etwa denen in Deutschland. Außerdem gibt es Wochenend- und Wochenpauschalen.

Adressen und Telefonnummern bekommt man bei den jeweiligen Fremdenverkehrsämtern, dem Bureau de Tourisme oder dem Syndicat d'Initiative. Alle Autovermietungen der Region sind außerdem aufgeführt in dem Informationsheft »Région Languedoc-Roussillon – Des grands moments de vacances«, das bei folgender Institution erhältlich ist:

Comité Régional du Tourisme
Région Languedoc-Roussillon,
20, rue de la République, F-34000 Mont-

Entfernungen (in km) zwischen wichtigen Orten

	Agde	Alés	Béziers	Carcassonne	Mende	Montpellier	Narbonne	Nîmes	Perpignan	Sète
Agde	–	127	22	102	137	57	45	103	106	23
Alés	127	–	130	210	110	70	160	44	222	125
Béziers	22	130	–	80	240	60	23	108	99	45
Carcassonne	102	210	80	–	320	140	57	195	120	125
Mende	137	110	240	320	–	180	273	153	334	211
Montpellier	57	70	60	140	180	–	93	50	152	31
Narbonne	45	160	23	57	273	93	–	140	61	68
Nîmes	103	44	108	195	153	50	140	–	200	81
Perpignan	106	222	99	120	334	152	61	200	–	144
Sète	23	125	45	125	211	31	68	81	144	–

pellier; Tel. 00 33/4 67 22 81 00, Fax 4 67 58 06 10

Zum Problem wird das Auto in den Städten, denn Parkplätze sind rar. In der **zone bleue** darf nur mit Parkscheibe geparkt werden. Ein gelber Streifen am Straßenrand bedeutet absolutes Halteverbot, und auf Nachsicht mit ausländischen Urlaubern hofft vergeblich, wer Verkehrsregeln überschreitet.

Belebte Innenstädte und viel besuchte Touristenziele garantieren keineswegs die Unversehrtheit von Auto und Gepäck. Sichtbar herumliegende Kameras oder auch nur Sonnenbrillen im Autoinneren reizen Langfinger öfter, als man im Allgemeinen glauben will. Wer tatsächlich einmal sein Gepäck aus dem Kofferraum vermisst, sollte sich unbedingt an die örtliche Polizei wenden, weil die Verlustmeldung zu Hause von der Versicherung verlangt wird.

Boot
Die **Kanalschifffahrt** gehört im Languedoc zu den schönsten und geruhsamsten Fortbewegungsarten. Entsprechend beliebt ist sie, und so trifft, wer ein Hausboot mietet, im Sommer auch viele andere Freizeitkapitäne, die mit 8 km/h Höchstgeschwindigkeit von Schleuse zu Schleuse fahren. Kinderleicht wird das Schippern erst – auch wenn die Bootsverleiher anderes versprechen – vom zweiten oder dritten Tag an. Man mietet die meist für zwei bis vier Personen ausgestatteten Boote für eine Woche (Kostenpunkt: ca. 500 €). In dieser Zeit kann man von **Carcassonne** nach **Béziers** gelangen oder umgekehrt. Die Verleiher bieten auch den Service an, das Auto an den Zielort zu bringen.

Wohnmobil
Die Schluchten der **Ardèche**, der **Cèze** und des **Tarn** sind beliebte Reiseziele von Campern. Wohnmobile dürfen in den meisten Innenstädten nicht abgestellt werden. Wer mit einem großen, schweren Gefährt unterwegs ist, sollte seine Routenauswahl dementsprechend treffen. Durch die Berge im Hinterland führen bisweilen so schmale, steile und unbefestigte Wege, dass sogar manchem Kleinwagenfahrer angst und bange wird, er könnte einem anderen Fahrzeug begegnen.

Öffentliche Verkehrsmittel
Problemlos kann man mit dem **Zug** von Nîmes nach Montpellier, Perpignan und Grau-du-Roi reisen. Der Bus an die Küste nach Le Grau-du-Roi jedoch fährt selten und braucht lange. Und wer gar in den Cevennen oder im Hinterland von Narbonne oder Carcassonne ein Ziel hat, wird lange und manchmal auch vergeblich Busfahrpläne studieren.

Das Languedoc-Roussillon ist keine Urlaubsregion für Anhänger des sanften Tourismus, die ohne Fahrrad unterwegs sind. Wer allerdings viel Zeit hat und damit zufrieden ist, dass zwischen vielen Orten nur zwei Busse jeweils morgens und abends verkehren, wird sich mit öffentlichen Verkehrsmitteln begnügen können.

Zoll

Seit dem 1. Januar 1993 sind die Zollkontrollen an den Binnengrenzen der Europäischen Union entfallen (nicht jedoch etwaige Sicherheitskontrollen).

Es muss erkennbar sein, dass Waren für den Privatgebrauch bestimmt sind. Bei Verdacht, dass Sie mit den Waren handeln, werden Sie zur Versteuerung herangezogen. Für Schweizer gelten die alten Regelungen. Duty-free-Einkauf gibt es innerhalb der EU nicht mehr.

Geschichte auf einen Blick

Vor 2 Mio. Jahren
Der Homo erectus wandert in den nördlichen Mittelmeerraum ein.

20 000–12 000 v. Chr.
Menschen bemalen Höhlen an Ardèche und Garonne.

560 v. Chr.
Die Griechen gründen Agathé (Agde).

5./4. Jh. v. Chr.
Fundstücke verzierter Töpfereien. Die Gallier, ein kriegerisches Reitervolk, besetzen den Raum.

3. Jh. v. Chr.
Dolmen und Menhire kennzeichnen Grabstätten. Spuren griechischer und iberischer Siedler.

218 v. Chr.
Hannibal durchquert das Gebiet auf dem Weg von Spanien nach Rom.

118 v. Chr.
Die Römer gründen Narbonne und erbauen die Via Domitia von Beaucaire nach Le Pertus.

58–52 v. Chr.
Gaius Julius Caesar erobert das freie Gallien.

27 v. Chr.
Augustus ergreift die Macht und baut Narbonne, Béziers und Nîmes aus.

719
Araber erobern Narbonne.

778
Karl der Große will Spanien dem Christenreich einverleiben, muss jedoch eine Niederlage hinnehmen. Erst Wilhelm Kurznase gelingt es 803, das Reich der Karolinger bis Katalonien auszudehnen.

1172
Berenguer erbt das Languedoc, das zum Nachbarn Roussillon enge wirtschaftliche Beziehungen pflegt.

1209
In Béziers töten Kreuzzügler 15 000 Katharer.

1258
Jakob I. von Aragón tritt die Gebiete nördlich der Corbières an Ludwig IX. ab, welcher im Gegenzug auf Katalonien und das Roussillon verzichtet.

1559
Die Religionskriege gehen zu Ende. Das östliche Languedoc tritt zum Calvinismus über.

1567
Massacre de la Michelinade: In Nîmes werden 200 katholische Geistliche umgebracht.

1598
Das Edikt von Nantes gewährt Glaubensfreiheit.

1622
Ludwig XIV. macht Montpellier zum Verwaltungszentrum des Languedoc.

1659
Mit dem Pyrenäenvertrag erhält Frankreich das Roussillon zurück.

1666–1680
Riquet lässt den Canal du Midi bauen.

1685
Ludwig XIV. hebt das Edikt von Nantes auf. Die Hugenotten flüchten ins Ausland. Der Kamisardenaufstand, der seinen Namen den Hemden der Calvinisten verdankt, hält die Elitetruppen des Königs zwei Jahre lang in Schach.

1787
Ein Toleranzedikt beendet die Verfolgung der Hugenotten.

1789
Revolution auch im Süden. Die calvinistischen Protestanten schließen sich der Revolution an, während die Katholiken königstreu bleiben.

1790
Die Provinzen werden in etwa gleichgroße Départements aufgeteilt. Aus Roussillon wird das Département Pyrénées Orientales. Das Languedoc teilt man in neun Départements.

1799
Napoleon I. setzt zur Durchsetzung seiner Macht Bürgermeister ein. Die regionale Autonomie verschwindet.

1839
Von Montpellier nach Sète wird die erste Eisenbahnlinie im Süden gebaut.

1882
Die allgemeine Schulpflicht wird eingeführt und Französisch verbindliche Unterrichtssprache. Der Gebrauch der örtlichen Dialekte wird verboten.

1907
Aufstand der Winzer. Importe aus der Kolonie Algerien und Überproduktion drohen die Weinbauern brotlos zu machen.

1940
Die deutsche Wehrmacht besetzt Südfrankreich, die Südcevennen werden zum Widerstandsgebiet.

1962
Nach dem Algerienkrieg ziehen viele Algerienfranzosen in die Region um Montpellier.

1963
Die wirtschaftliche Belebung des Südens mit dem Ausbau zahlreicher Ferienorte beginnt. La Grande Motte, die Pyramidenstadt am Golfe du Lion, macht Schlagzeilen.

1971–1981
Demonstration gegen die Erweiterung des 3000 ha großen Truppenübungsplatzes von Larzac. Die Protestbewegung Larzac Libre wird zum Symbol des gewaltsamen Widerstandes gegen die Pariser Militär- und Umweltpolitik.

1981
Die Regierung Mitterrand gewährt über 100 000 illegal Eingewanderten Bleiberecht, woraufhin die Wähler scharenweise zur rechtsextremen Front National überlaufen.

1982
Mitterrand ermöglicht die Dezentralisierung und gewährt den Regionen damit mehr Autonomie.

1994
Die französische Regierung verbietet im Zuge der Reinhaltung der Sprache die Verwendung von Anglizismen.

1995
An der Ardèche werden Höhlenmalereien gefunden, deren Alter das der Höhlen von Lascaux vermutlich übertrifft.

1996
Ein Generalstreik gegen soziale Kürzungen legt im Winter Verkehr und öffentliches Leben fast gänzlich lahm.

2001
Nîmes ist mit dem neuen TGV nur noch knapp drei Stunden von Paris entfernt.

Aussprache

~ über einem Vokal bedeutet, dass er nasal ausgesprochen wird:
ã wie z. B. in chance
ä wie in terrain
õ wie in Bonbon

Wichtige Wörter und Ausdrücke

Ja	*oui [ui]*
Nein	*non [nõ]*
Bitte	*s'il vous plaît [sil wu plä]*
Danke	*merci [mersi]*
Und	*et [e]*
Wie bitte?	*comment? [komã]*
Ich verstehe nicht	*je ne comprends pas [schö ne kõmprã pa]*
Entschuldigung	*pardon/excusez-moi [pardõ/exküseh-moa]*
Guten Morgen/Tag	*bonjour [bõschur]*
Guten Abend	*bonsoir [bõsuar]*
Hallo	*salut [salü]*
Ich heiße	*je m'appelle [schö mapäl]*
Ich komme aus	*je suis de [schö süi dö]*
Wie geht es Ihnen/Dir	*comment allez-vous/vas-tu [kommã alleh-vu/va-tü]*
Danke, gut	*bien, merci [bjä mersi]*
Wer, was, welcher	*qui, que, lequel [ki, kö, lökel]*
Wie viel	*combien [kombiä]*
Wo ist?	*où-est [u-ä]*
Wann	*quand [kõ]*
Wie lange	*combien de temps [kõbiäd tã]*
Sprechen Sie Deutsch?	*parlez-vous allemand [parle-vu almã]*
Auf Wiedersehen	*au revoir [oh rövuar]*
heute	*aujourd'hui [oschurdüi]*
morgen	*demain [dömã]*
gestern	*hier [jär]*

Zahlen

eins	*un [ä]*
zwei	*deux [döh]*
drei	*trois [troa]*
vier	*quatre [katr]*
fünf	*cinq [sãk]*
sechs	*six [sis]*
sieben	*sept [set]*
acht	*huit [üit]*
neun	*neuf [nöf]*
zehn	*dix [dis]*
hundert	*cent [sã]*

Mit und ohne Auto unterwegs

Wie weit ist es	*combien de kilomètres y a-t-il [kombiä dö kilomätr i jatil]*
Es ist weit	*c'est loin [sä luã]*
Wo ist	*où se trouve [u se truv]*
– die nächste Werkstatt?	*le garage le plus proche [le garasch le plü prosch]*
– der Bahnhof/Busbahnhof?	*la gare (routière) [la gar/gar rutjär]*
– U-Bahn-Haltestelle	*l'arrêt du métro [larrä dü metroh]*
– Bus-Station	*l'arrêt d'autobus [larrä dotobüs]*
– der Flughafen	*l'aéroport [laehropor]*
– eine Bank	*une banque [ün bãk]*
– eine Tankstelle?	*une station-service [ün stasjõ servis]*
Ich suche einen Arzt/eine Apotheke	*je cherche un médecin/une pharmacie [schö schersch ä mehdsä/ün farmasi]*
Bitte voll tanken!	*plein, s'il vous plaît [plä sil vu plä]*

Normalbenzin	*l'essence [lesãs]*
Super	*super [süper]*
Diesel	*gas-oil [gasual]*
nach rechts/ links	*à droite/gauche [a druat/gohsch]*
geradeaus	*tout droit [tu drua]*
Ich möchte ein Auto/Fahrrad mieten	*je voudrais louer une voiture/bicyclette [schö wudrä lueh ün voatür/ bisiclät]*
Es ist ein Unfall passiert	*il y a un accident [il ja än aksidã]*
Eine einfache Fahrt 2. Klasse 1. Klasse nach ...	*un aller deuxième/ premiére classe pour ... [än aleh döhsjäm/prömjär klas pur]*

Hotel

Ich suche ein Hotel	*je cherche un hôtel [schö schersch ä ohtäl]*
Haben Sie noch Zimmer frei?	*Avez-vous encore des chambres libres? [aveh-vu ãkor deh schãbrö libr]*
– für eine Woche	*pour une semaine [pur ün sömän]*
Ich habe ein Zimmer reserviert	*j'ai réservé une chambre [schä reserveh ün schãbrö]*
Wie viel kostet das Zimmer?	*combien coûte la chambre? [kombiä kut la schãbrö]*
– mit Frühstück	*avec petit déjeuner compris [awek pti dehschöneh kõpris]*
Kann ich das Zimmer sehen?	*est-ce que je peux voir la chambre? [äs kö schö pöh vuar la schãbr]*
Ich nehme das Zimmer	*je prends la chambre [schö prã la schãbr]*

Restaurant

Die Speisekarte bitte	*la carte, s'il vous plaît [la kart sil vu plä]*
Die Rechnung bitte	*l'addition, s'il vous plaît [ladisjõ sil vu plä]*
Ich nehme ...	*je prend ... [schö prã]*
Wo finde ich die Toiletten? (Damen/ Herren)	*où sont les toilettes (dames/hommes) [u sõ leh toalät (dam/om)]*
Kellner	*Monsieur [missjö]*
Frühstück	*petit déjeuner [pti dehschöneh]*
Mittagessen	*déjeuner [dehschöneh]*
Abendessen	*dîner*

Einkaufen

Wo finde ich ...?	*où est-ce qu'il se trouve ...? [u äs kã kil se truv]*
Haben Sie?	*vous avez? [vus aweh]*
Wie viel kostet das?	*combien ça coûte? [kõbiä sa kut]*
Das ist zu teuer	*c'est trop cher [sä tro schär]*
100 g/ein Kilo	*cent grammes/un kilo de [sã gram/ ä kilo dö]*
Markt	*marché [marscheh]*
Metzgerei	*boucherie [buschri]*
Haushaltswaren	*articles ménagers [artikl mehnascheh]*
Lebensmittelgeschäft	*épicerie [ehpisri]*
Briefmarken für einen Brief/ eine Postkarte nach Deutschland/Österreich/ in die Schweiz	*des timbres pour une lettre/carte postale pour l'Allemagne/l'Autriche/ la Suisse [deh täbr pur ün lettr/ün kart postal pur lalman/ lotrisch/la süis]*

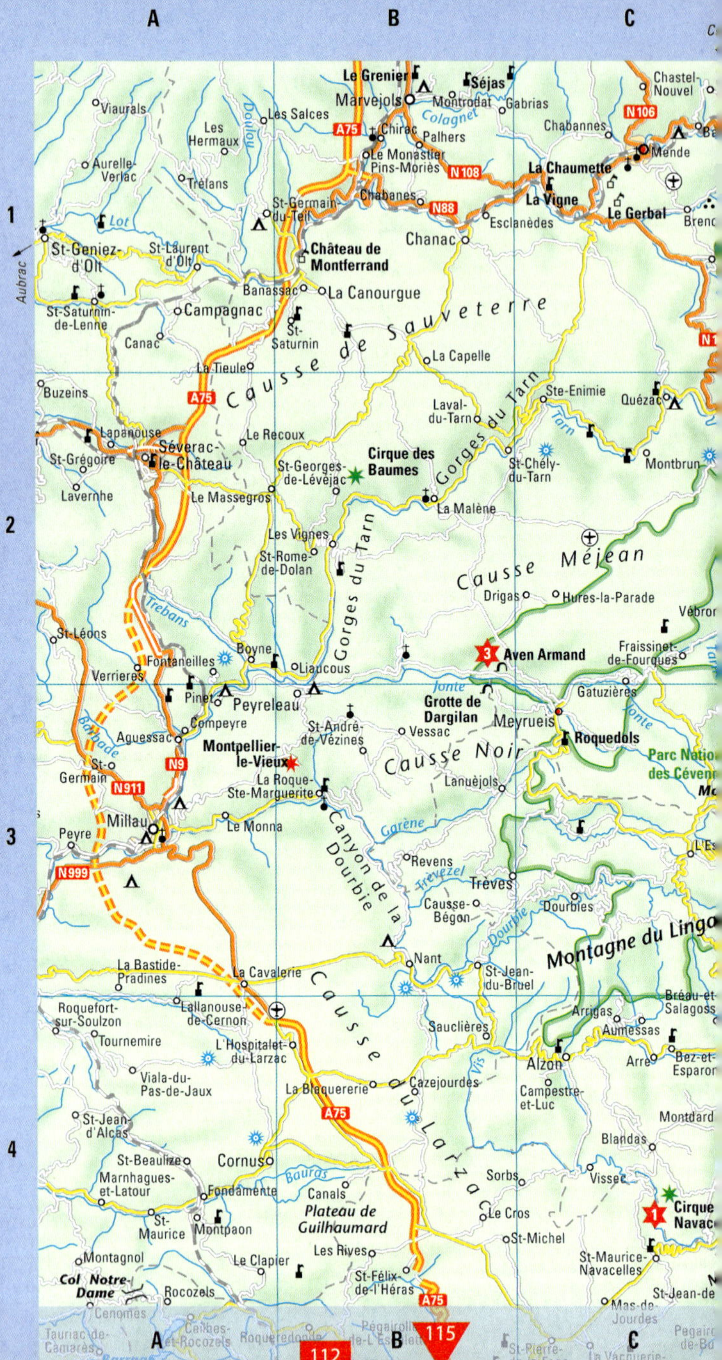
A
B
C
1
2
3
4
Le Grenier
Séjas
Marvejols
Montrodat
Gabrias
Chastel-Nouvel
N106
Viaurals
Les Salces
Colagnet
Chabannes
Les Hermaux
A75
Chirac
Palhers
Mende
Aurelle-Verlac
Le Monastier
Pins-Moriès
N108
La Chaumette
Trélans
Chabanes
La Vigne
St-Germain-du-Teil
N88
Esclanèdes
Le Gerbal
Lot
Brenoux
St-Geniez-d'Olt
St-Laurent-d'Olt
Château de Montferrand
Chanac
Aubrac
Banassac
La Canourgue
St-Saturnin-de-Lenne
Campagnac
St-Saturnin
Canac
Causse de Sauveterre
La Capelle
La Tieule
Buzeins
A75
Laval-du-Tarn
Ste-Enimie
Quézac
Lapanouse
Le Recoux
Gorges du Tarn
Tarn
St-Grégoire
Sévérac-le-Château
St-Georges-de-Lévéjac
Cirque des Baumes
St-Chély-du-Tarn
Montbrun
Lavernhe
Le Massegros
La Malène
Les Vignes
St-Rome-de-Dolan
Causse Méjean
Drigas
Hures-la-Parade
Trebans
Vébron
St-Léons
Boyne
Aven Armand
Fraissinet-de-Fourques
Fontaneilles
Liaucous
Verrières
Jonte
Pinet
Peyreleau
Grotte de Dargilan
Gatuzières
Compeyre
St-André-de-Vézines
Meyrueis
Batbade
Aguessac
Vessac
Roquedols
Montpellier-le-Vieux
Causse Noir
Parc National des Cévennes
St-Germain
N9
N911
La Roque-Ste-Marguerite
Lanuèjols
Millau
Peyre
Le Monna
Canyon de la Dourbie
Garène
N999
Revens
Trévezel
Trèves
Causse-Bégon
Dourbies
Dourbie
Montagne du Lingas
Nant
La Bastide-Pradines
La Cavalerie
St-Jean-du-Bruel
Causse du Larzac
Roquefort-sur-Soulzon
Lallanouse-de-Cernon
Bréau-et-Salagosse
Arrigas
Tournemire
Sauclières
Aumessas
L'Hospitalet-du-Larzac
Alzon
Arre
Bez-et-Esparon
Viala-du-Pas-de-Jaux
Vis
La Blaquererie
Cazejourdes
Campestre-et-Luc
A75
St-Jean-d'Alcas
Montdard
Blandas
St-Beaulize
Cornus
Marnhagues-et-Latour
Baura
Sorbs
Vissec
Fondamente
Canals
Plateau de Guilhaumard
Le Cros
Cirque de Navacelles
St-Maurice
Montpaon
St-Michel
Les Rives
Montagnol
Le Clapier
St-Maurice-Navacelles
Col Notre-Dame
Rocozels
St-Félix-de-l'Héras
A75
St-Jean-de-
Mas-de-Jourdes
115

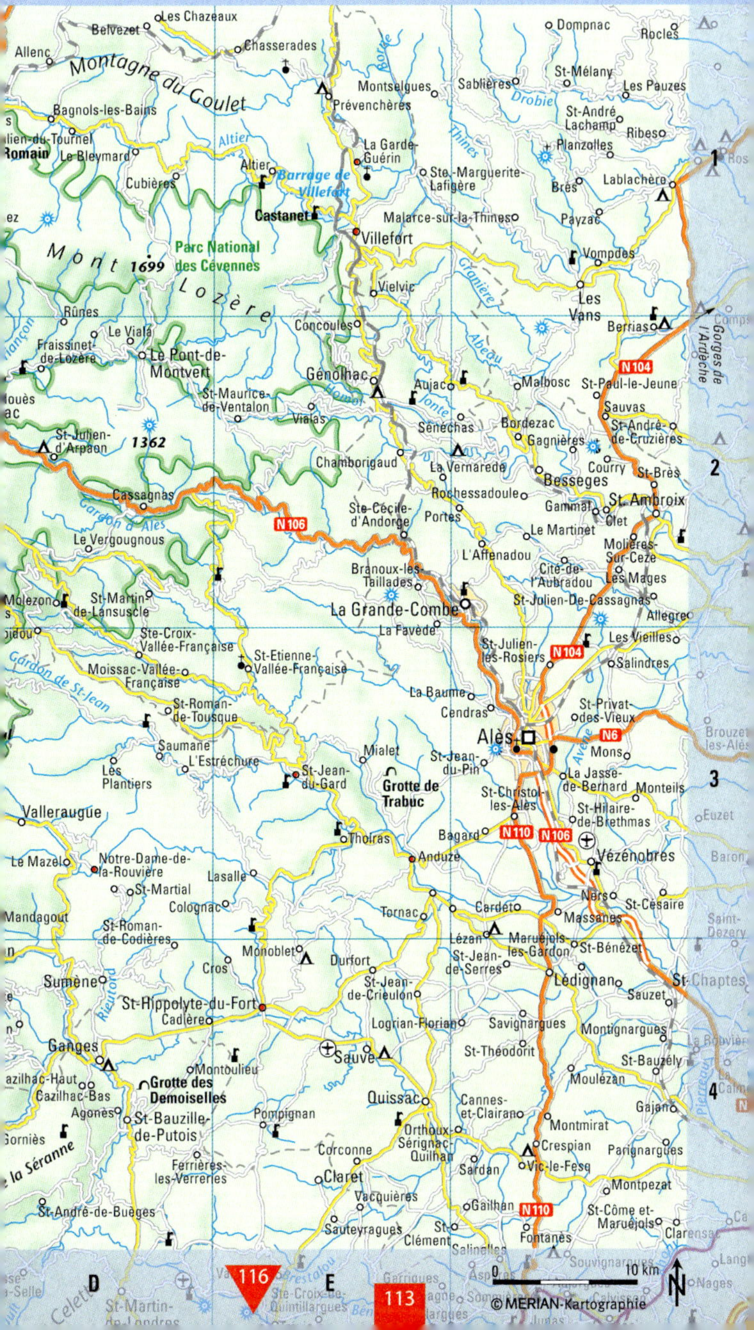
D
E
F
Montagne du Goulet
Mont Lozère
Parc National des Cévennes
Villefort
Génolhac
La Grande-Combe
Alès
Anduze
St-Hippolyte-du-Fort
Ganges
Sauve
Quissac
Les Vans
St. Ambroix
Besseges
Ledignan
Vézénobres
Grotte de Trabuc
Grotte des Demoiselles
Gorges de l'Ardèche
N 104
N 106
N 110
N6
116
© MERIAN-Kartographie

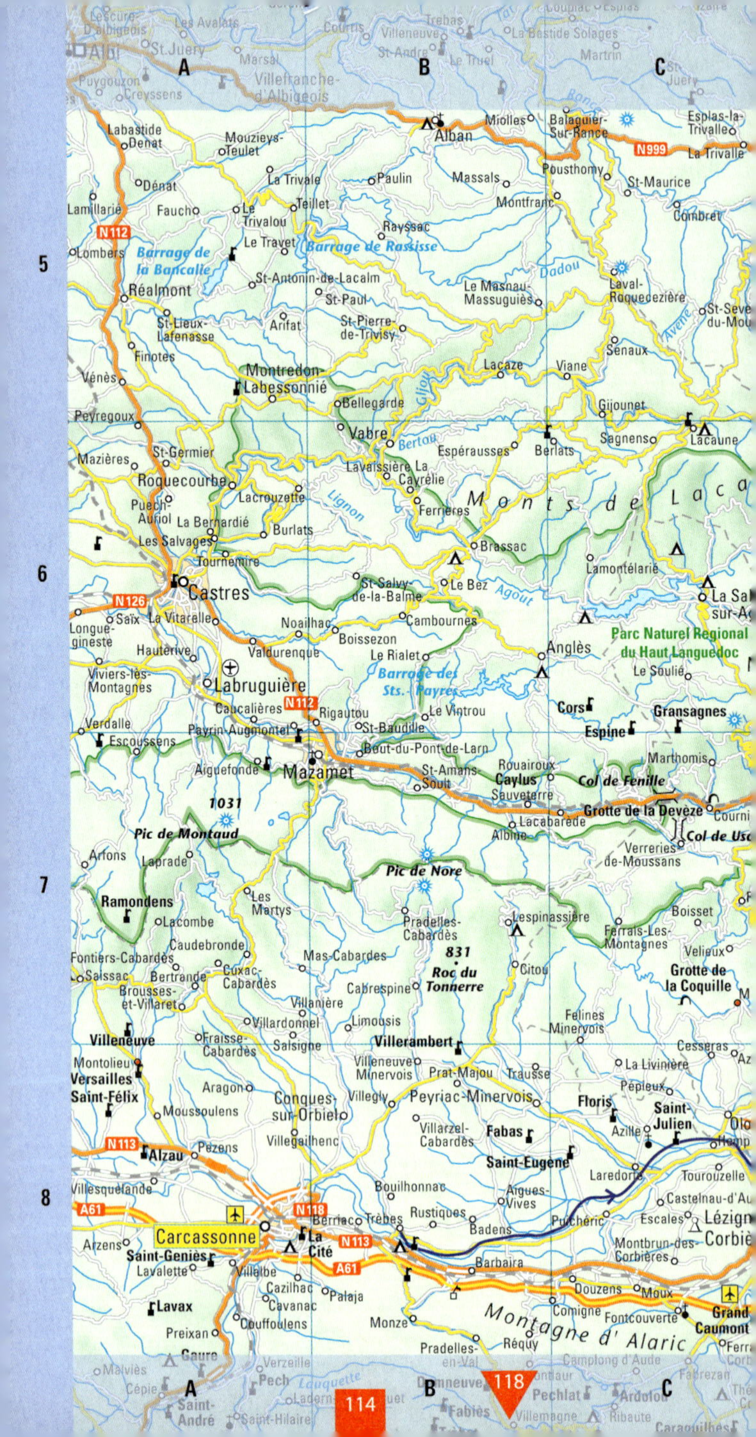
A
B
C
5
6
7
8
Lescure-d'Albigeois
Les Avalats
St-Juéry
Albi
Marsal
Puygouzon
Creyssens
Villefranche-d'Albigeois
Cunac
Trébas
Villeneuve
St-André
Le Truel
La Bastide Solages
Martrin
St-Juéry
Labastide-Dénat
Mouzieys-Teulet
Alban
Miolles
Balaguier-sur-Rance
Esplas-la-Trivalle
N999
La Trivalle
Dénat
La Trivale
Paulin
Massals
Pousthomy
St-Maurice
Lamillarié
Fauch
Le Trivalou
Teillet
Montfranc
Combret
N112
Rayssac
Lombers
Barrage de la Bancalié
Le Travet
Barrage de Rassisse
Dadou
St-Antonin-de-Lacalm
Le Masnau-Massuguiès
Laval-Roquecezière
Réalmont
St-Paul
St-Sever-du-Moustier
St-Lieux-Lafenasse
Arifat
St-Pierre-de-Trivisy
Avène
Finotes
Senaux
Lacaze
Viane
Vénès
Montredon-Labessonnié
Gijou
Bellegarde
Gijounet
Peyregoux
Vabre
Bertou
Espérausses
Berlats
Sagnens
Lacaune
St-Germier
Mazières
Lavaissière
La Cayrélie
Roquecourbe
Lacrouzette
Lignon
Ferrières
Monts de Lacaune
Puech-Auriol
La Bernardié
Burlats
Brassac
Les Salvages
Tournemire
Lamontélarié
Castres
St-Salvy-de-la-Balme
Le Bez
Agout
La Salvetat-sur-Agout
N126
Saïx
La Vitarelle
Noailhac
Cambournès
Longuegineste
Boissezon
Parc Naturel Régional du Haut Languedoc
Hauterive
Valdurenque
Le Rialet
Anglès
Viviers-lès-Montagnes
Labruguière
Barrage des Sts. Peyres
Le Soulié
Caucalières
N112
Rigautou
Le Vintrou
Cors
Gransagnes
Verdalle
Payrin-Augmontel
St-Baudille
Espine
Escoussens
Bout-du-Pont-de-Larn
Marthomis
Aiguefonde
Mazamet
St-Amans-Soult
Rouairoux
Caylus
Col de Fenille
Sauveterre
1031
Grotte de la Devèze
Courniou
Lacabarède
Pic de Montaud
Albine
Col de Uscla
Verreries-de-Moussans
Arfons
Laprade
Pic de Nore
Ramondens
Les Martys
Pradelles-Cabardès
Lespinassière
Boisset
Lacombe
Ferrals-Les-Montagnes
Caudebronde
831
Velieux
Fontiers-Cabardès
Mas-Cabardes
Roc du Tonnerre
Grotte de la Coquille
Saissac
Bertrande
Cuxac-Cabardès
Citou
Brousses-et-Villaret
Cabrespine
Villanière
Felines Minervois
Villardonnel
Limousis
Villeneuve
Fraisse-Cabardès
Salsigne
Villerambert
Cesseras
Montolieu
Villeneuve Minervois
Prat-Majou
Trausse
La Livinière
Versailles
Pépieux
Saint-Félix
Aragon
Conques-sur-Orbiel
Villegly
Peyriac-Minervois
Floris
Saint-Julien
Moussoulens
Villarzel-Cabardès
Fabas
Azille
Olonzac
N113
Alzau
Pezens
Villegailhenc
Saint-Eugène
Homps
Laredorte
Tourouzelle
Villesquelande
Bouilhonnac
Aigues-Vives
Castelnau-d'Aude
A61
N118
Berriac
Trèbes
Rustiques
Puichéric
Escales
Lézignan-Corbières
Carcassonne
La Cité
Badens
Arzens
N113
Montbrun-des-Corbières
Saint-Geniès
Lavalette
Villalbe
A61
Barbaira
Cazilhac
Palaja
Douzens
Moux
Lavax
Cavanac
Comigne
Fontcouverte
Grand Caumont
Preixan
Couffoulens
Monze
Montagne d'Alaric
Gaure
Pradelles-en-Val
Rèquy
Ferrals
Malviès
Verzeille
Camplong d'Aude
Cépie
Pech
Lauquette
Leuc
Ladern
Donneuve
Montlaur
Fabrezan
Saint-André
Saint-Hilaire
Fabiès
Pechlat
Ardolou
Villemagne
Ribaute
Caraguilhes
118

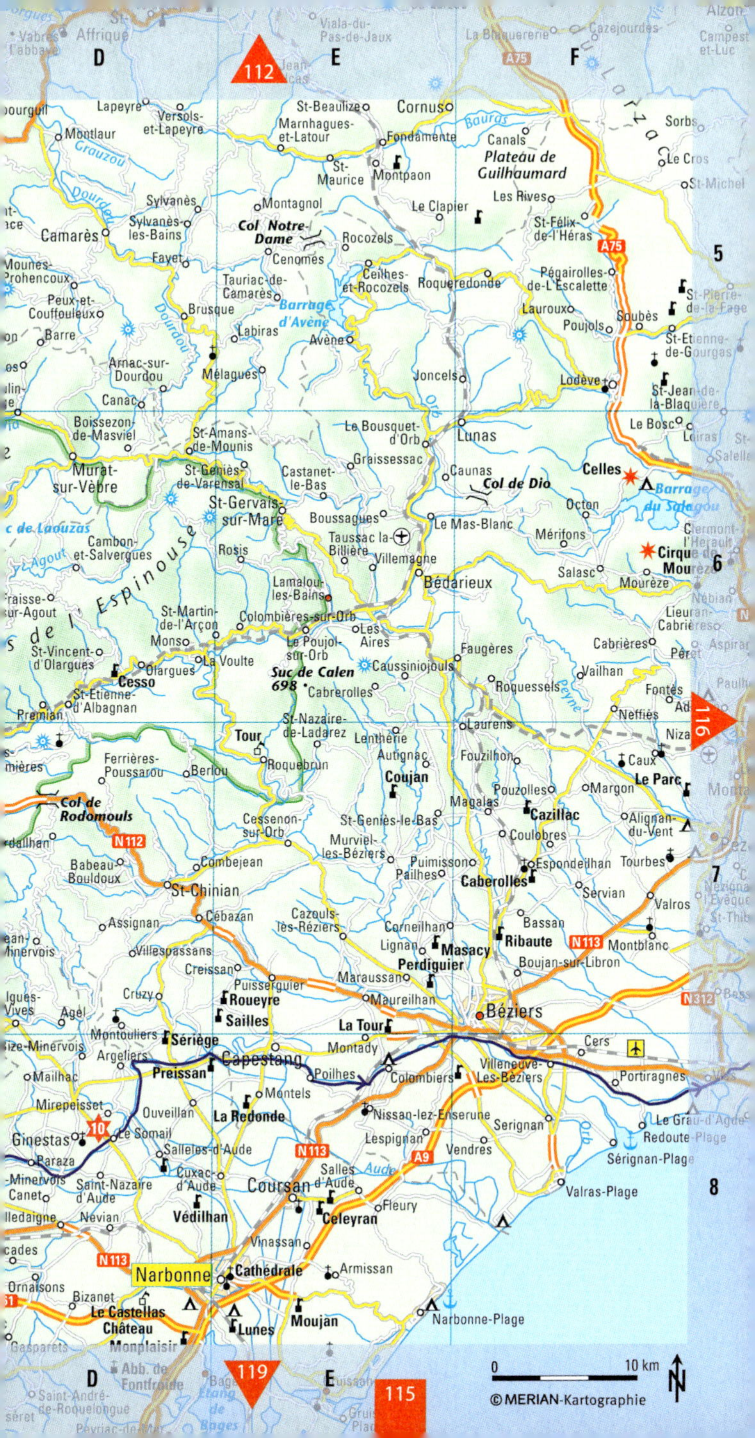
D
E
F
112
Lapeyre
Versols-et-Lapeyre
Montlaur
St-Beaulize
Cornus
Marnhagues-et-Latour
Fondamente
Canals
Plateau de Guilhaumard
St-Maurice
Montpaon
Sorbs
Le Cros
St-Michel
Sylvanès
Sylvanès-les-Bains
Montagnol
Le Clapier
Les Rives
Camarès
Col Notre-Dame
Rocozels
St-Félix-de-l'Héras
A75
5
Fayet
Cenomes
Pégairolles-de-L'Escalette
Tauriac-de-Camarès
Ceilhes-et-Rocozels
Roqueredonde
Peux-et-Couffouleux
Brusque
Barrage d'Avène
Lauroux
Poujols
Soubès
Barre
Labiras
Avène
St-Etienne-de-Gourgas
Arnac-sur-Dourdou
Mélagues
Joncels
Lodève
St-Jean-de-la-Blaquière
Canac
Boissezon-de-Masviel
St-Amans-de-Mounis
Le Bousquet-d'Orb
Lunas
Le Bosc
Murat-sur-Vèbre
St-Geniès-de-Varensal
Graissessac
Castanet-le-Bas
Caunas
Col de Dio
Celles
Barrage du Salagou
St-Gervais-sur-Mare
Boussagues
Octon
Le Mas-Blanc
Mérifons
Cambon-et-Salvergues
Rosis
Taussac la-Billière
Villemagne
Cirque de Mourèze
6
Lamalou-les-Bains
Bédarieux
Salasc
Mourèze
St-Martin-de-l'Arçon
Colombières-sur-Orb
Les Aires
Lieuran-Cabrières
Monso
Le Poujol-sur-Orb
Faugères
Cabrières
St-Vincent-d'Olargues
Olargues
La Voulte
Suc de Calen 698
Caussiniojouls
Vailhan
Cesso
Cabrerolles
Roquessels
Fontès
St-Etienne-d'Albagnan
Neffiès
Premian
St-Nazaire-de-Ladarez
Laurens
116
Tour
Lenthéric
Autignac
Fouzilhon
Caux
Ferrières-Poussarou
Berlou
Roquebrun
Coujan
Le Parc
Pouzolles
Margon
Col de Rodomouls
Magalas
Cazillac
Alignan-du-Vent
N 112
Cessenon-sur-Orb
St-Geniès-le-Bas
Coulobres
Murviel-les-Béziers
Babeau-Bouldoux
Combejean
Puimisson
Espondeilhan
Tourbes
7
Pailhès
Caberolles
St-Chinian
Servian
Valros
Cébazan
Cazouls-lès-Béziers
Bassan
Assignan
Corneilhan
Ribaute
Lignan
Masacy
N 113
Montblanc
Villespassans
Perdiguier
Boujan-sur-Libron
Creissan
Maraussan
Puisserguier
Roueyre
Cruzy
Maureilhan
N312
Agel
Béziers
Sailles
La Tour
Montouliers
Sériège
Cers
Argeliers
Capestang
Montady
Preissan
Poilhes
Villeneuve-Les-Béziers
Mailhac
Colombiers
Portiragnes
Montels
Mirepeisset
Ouveillan
La Redonde
Nissan-lez-Enserune
Le Grau-d'Agde
Ginestas
Le Somail
Serignan
Redoute-Plage
Lespignan
Paraza
Salleles-d'Aude
N 113
Vendres
Sérignan-Plage
A9
Cuxac-d'Aude
Salles d'Aude
Saint-Nazaire-d'Aude
Coursan
8
Canet
Valras-Plage
Fleury
Nevian
Védilhan
Celeyran
Vinassan
N 113
Narbonne
Cathédrale
Armissan
Ornaisons
Bizanet
Le Castellas
Château
Moujan
Narbonne-Plage
Lunes
Monplaisir
Gasparets
Abb. de Fontfroide
D
119
E
0
10 km
N
© MERIAN-Kartographie

A
B
C
113
115
9
10
11
12
Montagne du Lingas
Alzon
Campestre-et-Luc
Aumessas
Arre
Bez-et-Esparon
Avèze
Le Vigan
Arphy
Mandagout
Bréau-et-Salagosse
Arrigas
St-Jean-du-Bruel
St-Martial
St-Roman-de-Codières
Cologne
Monoblet
Lasalle
Durfort
Sumène
Rieutord
St-Hippolyte-du-Fort
Cadière
St-Jean-de-Crieulon
Logrian
St-Bresson
Ganges
Montdardier
Blandas
Vissec
Cazilhac-Haut
Cazilhac-Bas
Agonès
Grotte des Demoiselles
Montoulieu
St-Bauzille-de-Putois
Sauve
Quissac
Pompignan
Rogues
Gorniès
Cirque de Navacelles
Le Cros
St-Michel
St-Maurice-Navacelles
Montagne de la Séranne
Ferrières-les-Verreries
Corconne
Claret
Vacquières
St-André-de-Buèges
Sauteyrargues
St-Jean-de-Buèges
Mas-de-Jourdes
Pegairolles-de-Buèges
Causse-de-la-Selle
Valflaunès
Brestalou
St-Pierre-de-la-Fage
La Vacquerie-et-St-Martin-de-Castries
Montagne de la Celette
Hérault
St-Martin-de-Londres
Ste-Croix-de-Quintillargues
Bénovie
St-Mathieu-de-Tréviers
Tréviers
Buzignargues
St-Etienne-de-Gourgas
St-Jean-de-la-Blaquière
St-Guilhem-le-Désert
Viols-le-Fort
Les Matelles
Le Triadou
Montaud
St-Drézéry
Arboras
Guzargues
Sussargues
Loiras
St-Saturnin
St-Jean-de-Fos
Argelliers
St-Gély-du-Fesc
Prades-le-Lez
Salelles
Montpeyroux
Aniane
Murles
Teyran
Castries
St-Guiraud
Lagamas
Vailhauquès
St-Clément-de-Rivière
Barrage du Salagou
La Boissière
Montferrier-sur-Lez
Clapiers
Jacou
Clermont-l'Hérault
Ceyras
St-André-de-Sangonis
Gignac
Montarnaud
Grabels
Cirque de Mourèze
Brignac
N109
Popian
St-Paul-et-Valmalle
St-Georges-d'Orques
Nébian
Pouzols
A75
Canet
Montpellier
Lavérune
Cabrières
N9
Le Pouget
Aspiran
Vendémian
Pignan
Péret
Tressan
Puilacher
Saussan
St-Jean-de-Védas
Lattes
Cournonterral
Fabrègues
Bélarga
Plaissan
Pérols
Fontès
Paulhan
Cournonsec
Maurin
Adissan
Campagnan
Agnac
Mas-de-Mante
Nizas
St-Pargoire
Villeneuve-lès-Maguelonne
Palavas-les-Flots
Boyne
Montbazin
St-Pons-de-Mauchiens
Caux
Lézignan-la-Cèbe
Marcouine
Villeveyrac
Gigean
Mireval
Le Parc
Étang de Vic
Montagnac
Poussan
N112
Vic-la-Gardiole
Alignan-du-Vent
Aumes
La Roquette
Balaruc-le-Vieux
Frontignan
N113
Pézenas
Bouzigues
Tourbes
Loupian
Castelnau-de-Guers
Balaruc-les-Bains
Nézignan-l'Évêque
A9
Mèze
Valros
St-Thibéry
Bassin de Thau
Pinet
Félines
Sète
Montblanc
Pomérols
Villeroy
Florensac
6
N312
Bessan
Marseillan
Golfe
10
Agde
Portiragnes
Vias
N112
Port Ambonne
Le Grau-d'Agde
Redoute-Plage
Le Cap d'Agde
Sérignan-Plage
Tanger, Oran
Ibiza, Mallorca
A
B
C

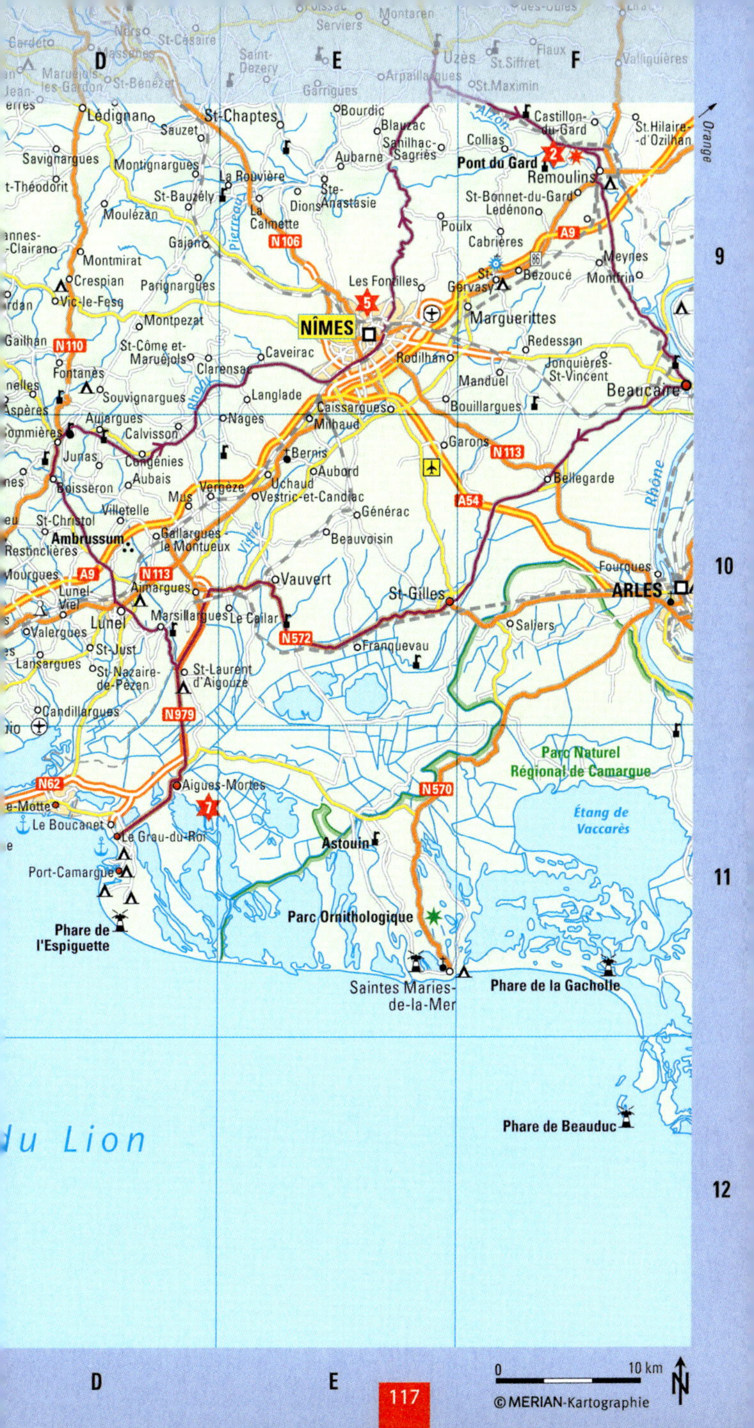
D
E
F
9
10
11
12
Uzès
St.Siffret
Flaux
Valliguières
St.Maximin
Arpaillargues
Garrigues
Serviers
Montaren
Saint-Dezery
St-Césaire
Massanes
Maruéjols-lès-Gardon
St-Bénézet
Lédignan
Sauzet
St-Chaptes
Bourdic
Blauzac
Sanilhac-Sagriès
Collias
Castillon-du-Gard
St.Hilaire-d'Ozilhan
Orange
Pont du Gard
Remoulins
Savignargues
Montignargues
La Rouvière
Aubarne
St-Theodorit
St-Bauzély
Ste-Anastasie
Dions
St-Bonnet-du-Gard
Ledénon
Moulézan
La Calmette
Poulx
Gajan
N 106
Cabrières
A9
Montmirat
Crespian
Parignargues
Les Fontilles
St-Gervasy
Bezouce
Meynes
Montfrin
Vic-le-Fesq
Montpezat
NÎMES
Marguerittes
N 110
St-Côme et-Maruéjols
Caveirac
Clarensac
Rodilhan
Redessan
Manduel
Jonquières-St-Vincent
Fontanès
Souvignargues
Langlade
Beaucaire
Aujargues
Calvisson
Nages
Caissargues
Milhaud
Bouillargues
Garons
N 113
Junas
Congénies
Bernis
Aubord
Bellegarde
Aubais
Uchaud
Boisseron
Vergèze
Mus
Vestric-et-Candiac
Rhône
Villetelle
Générac
A54
St-Christol
Ambrussum
Gallargues-le Montueux
Beauvoisin
Vidourle
Restinclières
A9
N 113
Vauvert
Fourques
Aimargues
St-Gilles
ARLES
Lunel-Viel
Lunel
Marsillargues
Le Cailar
Saliers
Valergues
St-Just
N572
Franquevau
Lansargues
St-Nazaire-de-Pézan
St-Laurent d'Aigouze
Candillargues
N979
Parc Naturel Régional de Camargue
N62
Aigues-Mortes
N570
Étang de Vaccarès
Le Boucanet
Le Grau-du-Roi
Astouin
Port-Camargue
Parc Ornithologique
Phare de l'Espiguette
Saintes Maries-de-la-Mer
Phare de la Gacholle
du Lion
Phare de Beauduc
0
10 km
N
© MERIAN-Kartographie

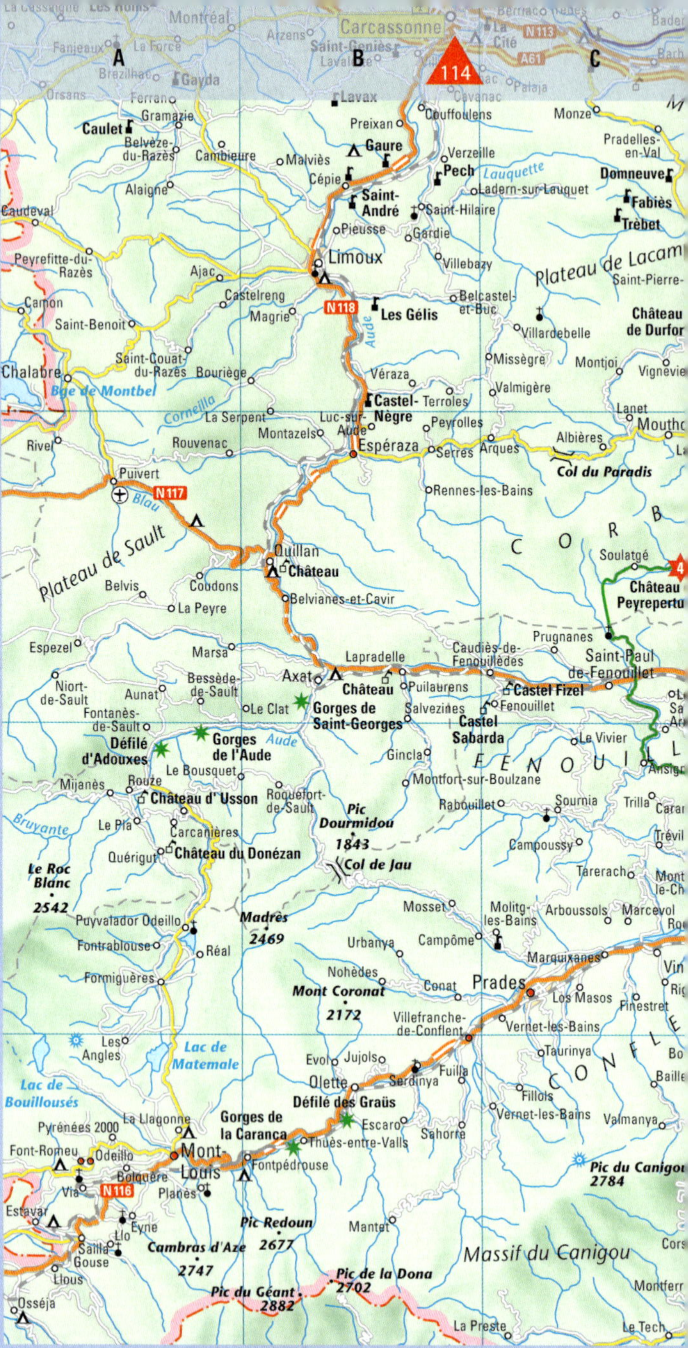

Carcassonne
114
Limoux
Quillan
Axat
Prades
Mont-Louis
Espéraza
Chalabre
Puivert
Plateau de Sault
Plateau de Lacam
Massif du Canigou
Pic du Canigou 2784
Col de Jau
Pic Dourmidou 1843
Madres 2469
Mont Coronat 2172
Le Roc Blanc 2542
Pic Redoun 2677
Cambras d'Aze 2747
Pic du Géant 2882
Pic de la Dona 2702
Gorges de Saint-Georges
Gorges de l'Aude
Défilé d'Adouxes
Défilé des Graüs
Gorges de la Caranca
Château d' Usson
Château du Donézan
Castel Fizel
Castel Sabarda
Château Peyrepertu
Col du Paradis
Lac de Matemale
Lac de Bouillousés
N 117
N 118
N 116
A
B
C
13
14
15
16

Lézignan-Corbières
Narbonne
Cathédrale
Fontcouverte
Grand Caumont
Le Castellas
Château Monplaisir
Lunes
Moujan
Boutenac
Ferrals-les-Corbières
Gasparets
Camplong d'Aude
Fabrezan
Abb. de Fontfroide
Bages
Gruissan
Ardolou
Ribaute
Thézan-des-Corbières
Saint-André-de-Roquelongue
Caraguilhes
Lagrasse
Montséret
Peyriac-de-Mer
Étang de Bages et de Sigean
Gruissan-Plage
Réserve Africaine
Talairan
Fontjoncouse
Sigean
Villesèque-des-Corbières
Port-la-Nouvelle
Villerouge-Termenès
Cascastel-des-Corbières
Durban-Corbières
Château
Roquefort-des-Corbières
Villeneuve-les-Corbières
Saint-Jean-de-Barrou
Fraissé-des-Corbières
Embres-et-Castelmaure
Maisons
Ségure
Feuilla
Caves
La Franqui
Notre-Dame de Faste
Treilles
Leucate
Fitou
Leucate-Plage
Tuchan
Château d'Aguilar
Opoul-Périllos
Château
Padern
Paziols
Pas de l'Escale
Étang de Leucate ou de Salses
Port-Leucate
Château de Quéribus
Vingrau
Châteaufort de Salses
Salses
Centre Nautique
Port-Barcarès
Tautavel
St-Hippolyte
Rivesaltes
Estagel
Latour-de-France
Saint-Laurent-de-la-Salanque
Cassagnes
Calce
Baixas
Claira
Pia
Torreilles
Montner
Bompas
Caladroi
Ermitage
Sainte-Marie-Plage
Bélesta
Saint-Estève
Sainte-Marie
Corneilla-la-Rivière
Néfiach
Millas
Baho
PERPIGNAN
Canet-Plage
Saint-Féliu-d'Avall
Le Soler
Cabestany
Toulouges
Corbère-les-Cabanes
Canohès
Saleilles
Thuir
Théza
Pollestres
Alénya
Saint-Cyprien-Plage
Castelnou
Ponteilla
Sainte-Colombe
Terrats
Trouillas
Montescot
Saint-Cyprien
Bages
Villemolaque
Elne
Saint-Jean-Lasseille
Fourques
Palau-del-Vidre
Col de Fourtou
Tordères
Ortaffa
Tresserre
Brouilla
Calmeilles
Saint-André
Argelès-sur-Mer
La Grange
Llauro
Collioure
Saint-Marsal
Oms
Taillet
Vivès
Sorède
Cap Béar
Le Boulou
Port-Vendres
Céret
Banyuls-sur-Mer
Amélie-les-Bains-Palalda
Le Perthus
Grotte de Pouade
Arles-sur-Tech
Serra de l'Albera
Cerbère
Portbou
Cantallops
A61
A9
N9
N113
N117
N116
N114
A7
Berre
Torgan
Roboul
Orbieu
13
14
15
16
D
E
F
0
10 km
N
© MERIAN-Kartographie

115

KARTENREGISTER

Orts- und Sachregister

Hier finden Sie alphabetisch aufgeführt alle in diesem Band beschriebenen Orte und Ziele, Routen und Touren. Bei einzelnen Sehenswürdigkeiten steht jeweils der dazugehörige Ort in Klammern, bei Hotels steht zusätzlich die Abkürzung H für Hotel. Außerdem enthält das Register wichtige Stichworte sowie alle MERIAN-Tipps dieses Reiseführers. Wird ein Begriff mehrfach aufgeführt, verweist die **fett** gedruckte Zahl auf die Hauptnennung im Band.

Impressum

Liebe Leserinnen und Leser,

Sie haben die komplett aktualisierte Neuausgabe 2002 von MERIAN live! vor sich, die von unserer Autorin vor Ort nachrecherchiert wurde. Wir freuen uns, Ihre Meinung zu diesem Reiseführer zu erfahren. Bitte schreiben Sie uns, wenn Sie Berichtigungen und Ergänzungsvorschläge haben oder Ihnen etwas besonders gut gefällt.

Gräfe und Unzer Verlag, Reiseredaktion, Postfach 86 03 66, 81630 München
E-Mail: merian-live@graefe-und-unzer.de

Redaktion: Martina Gorgas
Kartenredaktion:
Reinhard Piontkowski

Bei Interesse an Karten aus MERIAN-Reiseführern schreiben Sie bitte an: iPublish GmbH, geomatics, Berg-am-Laim-Straße 47, 81673 München. E-Mail: geomatics@ipublish.de

Gestaltung: Ludwig Kaiser
Karten: MERIAN-Kartographie
Produktion: Helmut Giersberg
Satz: Filmsatz Schröter, München
Druck und Bindung:
Stürtz AG, Würzburg

Fotos: Alle Fotos J. Scholten, außer: F. M. Frei 4/5, 12/13, 16/17, 22/23, 49, 58, 65 o, m, 73 o, m; H. Specht/laif 84, 86, 88, 90/91, 98/99

ISBN 3-7742-0681-3

Gedruckt auf Luxosamtoffset von Schneidersöhne Papier.

Auflage 5. 4. 3. 2. 1.